Un Soldat sans peur
et sans reproche

Pages dédiées aux Jeunes pour leur servir d'exemple

EN MÉMOIRE DE

ANDRÉ CORNET-AUQUIER

Capitaine au 133ᵉ Régiment d'Infanterie
Chevalier de la Légion d'honneur
Décoré de la Croix de Guerre
Mort pour la France, à l'âge de 28 ans
le 2 Mars 1916

———————

Extrait de sa Correspondance

ET

Discours prononcé par le Pasteur H. GAMBIER

Dans le Temple de Chalon-sur-Sâone

A l'occasion du Service funèbre commémoratif

———————

TOULOUSE
SOCIÉTÉ D'ÉDITION DE TOULOUSE
28, Rue des Salenques, 28

1918

UN SOLDAT SANS PEUR

Et sans Reproche

Un Soldat sans peur et sans reproche

Pages dédiées aux Jeunes pour leur servir d'exemple

EN MÉMOIRE DE

ANDRÉ CORNET-AUQUIER

Capitaine au 133ᵉ Régiment d'Infanterie
Chevalier de la Légion d'honneur
Décoré de la Croix de Guerre
Mort pour la France, à l'âge de 28 ans
le 2 Mars 1916

Extrait de sa Correspondance

ET

Discours prononcé par le Pasteur H. GAMBIER

Dans le Temple de Chalon-sur-Sâone

A l'occasion du Service funèbre commémoratif

TOULOUSE

SOCIÉTÉ D'ÉDITION DE TOULOUSE

28, Rue des Salenques, 28

1918

On trouvera, dans le discours ci-après, prononcé par M. le pasteur Gambier, au service commémoratif du 16 mars 1916, quelques données biographiques sur notre cher fils. Nous nous bornerons à signaler ici des côtés de son caractère qui, avec les extraits de sa correspondance de guerre, achèveront de faire connaître sa personnalité morale.

De très bonne heure, André Cornet-Auquier se fit remarquer par sa nature expansive et affectueuse, par son sérieux au travail, et par son profond respect pour ses maîtres et supérieurs. Il tremblait de manquer à son devoir, et jamais ses professeurs n'eurent à lui infliger une punition quelconque. Neuf années de suite, il mérita le prix d'excellence de sa classe.

Ayant un besoin inné de quelqu'un à qui il pût s'ouvrir et demander conseil, il eut partout où il vécut un ami fidèle, pasteur, professeur ou chef, qui fut le confident de ses aspirations et de ses espoirs les plus intimes.

Débordant d'affection pour les siens, il avait le culte de la vie de famille. Tout son bonheur était de revenir à « la Maison » qu'il égayait de ses chants et de ses rires joyeux. Un de ses plaisirs favoris était de s'étendre aux pieds de sa mère, la tête reposant sur les genoux de celle-ci, comme lorsqu'il était enfant, et de causer ainsi avec ses bien-aimés.

Cordial avec tous, sa nature généreuse et, comme l'a écrit un de ses anciens maîtres de Chalon, « son âme vibrante, passionnée pour la justice et pour le bien, qu'aucun des grands problèmes agités dans la société moderne n'avait laissée indifférente », l'attiraient surtout vers les humbles, qui en retour le chérissaient.

Sa piété était simple et sans paroles. Il sut, en maintes occasions, confesser courageusement sa foi, mais il ne la montrait d'ordinaire que par sa vie. De même qu'il estimait que la prière est un état d'âme permanent plutôt qu'un acte momentané, il pensait que la piété consiste à faire son devoir en toutes circonstances, à être juste et bon, et « à se préserver des souillures du monde », plutôt qu'en un langage religieux.

De là sa parfaite pureté de mœurs. André Cornet-Auquier

avait horreur de tout ce qui est impur ou obscène. Jamais on ne le vit rire d'une obscénité, même spirituellement dite. Très amateur de bonnes histoires, il les voulait toujours correctes et telles qu'elles pussent être contées, même devant des enfants. Il en avait toute une collection qu'il savait dire avec une verve et un à-propos merveilleux. Sa gaîté de bon aloi et son entrain permanent n'ont pas peu contribué à l'influence morale qu'il exerçait autour de lui. Il prouvait, par son exemple, qu'on peut être gai compagnon et boute-en-train hors de pair, tout en étant très moral et très religieux. Un de ses professeurs a écrit de lui : « Tous ses camarades s'inclinaient avec respect devant la droiture de sa conscience et la valeur morale de ses sentiments. » Et le Proviseur du lycée de Lyon a rendu de lui ce beau témoignage : « Jamais on ne remplacera ce garçon au lycée, pour l'influence morale qu'il exerçait sur ses condisciples. »

Notre cher fils avait un saint respect pour la femme, et il n'admettait pas qu'on fût plus sévère pour elle que pour l'homme. A son avis, il n'y avait pas deux morales ; aussi voulait-il se garder personnellement pur comme il aurait exigé que fût pure la jeune fille à laquelle il aurait uni sa vie. A la veille d'un combat, il écrivit à ses parents : « Si je suis tué, je remettrai mon corps à Dieu aussi pur que je l'ai reçu à ma naissance. »

Cette parfaite pureté explique la beauté de sa vie et sa piété elle-même, car l'impureté est assurément une des principales causes de l'incrédulité, en même temps que la source des plus graves déchéances.

Mais André Cornet-Auquier n'était pas enthousiaste seulement de la beauté morale, il l'était également des beautés artistiques et de la nature. Il raffolait de poésie, de musique et de chant, et la vue des grandes œuvres de Dieu : la mer, les hautes montagnes, les lacs, les beaux couchers de soleil le ravissaient jusqu'à l'extase.

Notre cher disparu était professeur en Angleterre, quand éclata la guerre. On lira plus loin l'admirable lettre qu'il écrivit de Colwyn-Bay, le 2 août 1914, au moment de quitter cette ville pour rentrer en France.

Dès le premier jour, et jusqu'à la fin, il eut cependant le pressentiment qu'il serait tué. Il le confia à sa sœur aînée et à quelques amis. Une autre de ses sœurs s'étant mariée à Londres, en août 1915, il lui écrivit : « Je ne connaîtrai probablement jamais ton mari ni tes enfants ; tout ce que je te demande, c'est de prendre un jour tes petits sur tes genoux, et, en leur montrant le portrait de leur oncle, en capitaine,

de leur raconter comment il est mort pour ta patrie, et un peu
pour la leur. » Ce pressentiment de sa mort prochaine n'al-
térait d'ailleurs en rien sa gaîté et son entrain. Il avait fait
joyeusement, d'avance, le sacrifice de sa vie à la France et
à la sainte cause qu'elle représente.

Ardemment patriote, il fit partout et toujours vaillamment
et noblement son devoir. Soldat dans l'âme, il se fit si tôt
remarquer par ses aptitudes militaires que, moins d'un mois
après son arrivée sur le front, et bien qu'il ne fût alors que
sous-lieutenant de réserve, on lui confia le commandement
d'une compagnie, à la tête de laquelle il resta jusqu'à sa mort.
Il y fut promu lieutenant puis capitaine.

On lira, dans le discours de M. le pasteur Gambier, le texte
des deux citations que lui valut sa conduite dans les combats
de Metzeral et de La Fontenelle ; mais déjà à Saulcy-sur-
Meurthe, en septembre 1914, il avait assuré la retraite de son
bataillon par l'héroïque résistance, qu'avec sa section, il avait
opposée, dans le parc du château, à un ennemi très supérieur
en nombre.

André Cornet-Auquier avait eu deux permissions depuis le
début de la guerre, l'une en août 1914, l'autre fin janvier
1916. Tout le monde, à Chalon-sur-Saône, lui avait témoigné,
à cette occasion, une vive sympathie dont il avait été extrê-
mement touché. « Cela fait du bien d'être aimé et accueilli
pareillement », dit-il à plusieurs reprises, durant ces jours
heureux.

Au cours d'une de ces permissions, il avait tenu à visiter
l'hôpital de notre ville consacré en partie aux blessés allemands, et après avoir causé avec plusieurs d'entre eux, il leur
avait donné la main en disant : « Ici, il n'y a plus d'ennemis ! »

Il était de retour sur le front, depuis environ trois semaines, quand le 1ᵉʳ mars, vers quatre heures du matin, il fut
blessé, dans son cantonnement, par un éclat d'obus qui,
entrant par la cuisse, pénétra dans le ventre et déchira l'in-
testin. « Si j'en meurs, c'est pour la France, dit-il à ses camarades en les quittant, ce sera votre consolation. »

Évacué sur un hôpital de Saint-Dié, il y fut opéré dans la
matinée. Le chirurgien espérait « un miracle de guérison »
tant le blessé était sain et robuste ; mais le projectile n'avait
pas été retrouvé, et notre cher et vaillant soldat succomba
sans doute à une lente hémorragie interne. Il s'éteignit doucement le lendemain, 2 mars, à 2 heures de l'après-midi, entre
les bras de son père et de sa sœur aînée accourus à son chevet.

Après son opération, il avait demandé à une des infirmières
qui le soignaient : « Dites-moi en toute sincérité si vous croyez

que je guérirai ; on doit tout dire à un officier. Et puis, si je
dois mourir, je tiens à me préparer à la mort. » On lui avait
caché la vérité.

Souffrant relativement peu, ce n'est qu'au tout dernier
moment qu'il comprit qu'il allait les quitter. Il dit alors doucement : « Maman ! maman ! » sourit à son père, puis mur-
mura très bas : « Il faut accepter, il faut se soumettre », et ce
fut tout. Bientôt son âme s'envolait vers ce « Père céleste »,
à l'amour duquel il avait cru et tant de fois recommandé les
siens, et dans la bienheureuse maison duquel il leur avait
donné rendez-vous à tous.

L'inhumation eut lieu le surlendemain, dans un des cime-
tières de Saint-Dié. Le service religieux fut fait par les pasteurs Meteyer et Jarillon, aumôniers militaires. Le général de
division, celui de la brigade, le colonel du 133° d'infanterie,
de nombreux officiers, sous-officiers et soldats étaient présents.

Sur la tombe, le général de division, ému jusqu'aux larmes,
dit en quelle haute estime et affection il tenait « le capitaine
Cornet-Auquier, son ami et un de ses meilleurs officiers ».

Avant lui, le colonel Baudrand avait prononcé le magnifique éloge qu'on retrouvera presque en entier, bien qu'en différents morceaux, dans le discours de M. le pasteur Gambier,
et qu'il termina par l'émouvant adieu suivant :

« Adieu, mon cher camarade ! Vous emportez nos regrets,
mais votre souvenir et votre exemple subsisteront au Régiment ; et, dans notre livre d'or, où votre nom s'étale si souvent, les futurs militaires du 133° apprendront que vous fûtes
bon patriote, homme d'honneur, de devoir et d'action, *soldat
sans peur et sans reproche.* »

André Cornet-Auquier nous a quittés et la douleur des
siens est immense. Toutefois, ils ne pleurent pas sur lui
comme ceux qui sont sans espérance, car ils croient que Dieu
le leur rendra un jour. Pour eux, il n'est pas mort, mais
vivant. Ils croient que Dieu lui a dit : « Mon ami, monte plus
haut ! » et qu'il a jugé bon d'employer les admirables facultés
de son jeune serviteur et ses qualités de cœur, à une œuvre
plus utile et plus belle, dans un monde supérieur. En l'appe-
lant à lui, il lui a accordé non seulement les palmes de la victoire, mais une promotion plus glorieuse que toutes celles dont
il avait été l'objet ou qu'il pouvait attendre encore ici-bas.

CONSOLATION

DISCOURS

PRONONCÉ DANS LE TEMPLE DE CHALON-SUR-SAONE

Le Jeudi 16 Mars 1916

POUR LE SERVICE COMMÉMORATIF DU CAPITAINE CORNET-AUQUIER

par

Le Pasteur H. GAMBIER

Aumônier du Culte protestant de la place de Dijon

CONSOLATION

Béni soit Dieu, le Père de notre Seigneur Jésus-Christ, le Père
des miséricordes et le Dieu de toute consolation, qui nous
console dans toutes nos afflictions, afin que, par la conso-
lation dont Dieu uous console nous-mêmes, nous puissions
aussi consoler les autres...

IIe Epitre aux Corinthiens, chap. Ier, versets 3 et 4.

C'est bien à cause d' « une affliction », une grande affliction, une affliction toute spéciale, que nous sommes aujour-
d'hui réunis dans ce temple. Et, malgré l'étendue de notre
douleur, un cri de foi et d'adoration s'échappe du cœur des
vrais croyants : « *Béni soit Dieu, le Père de notre Seigneur*
Jésus-Christ, le Père des miséricordes et le Dieu de toute con-
solation. »

Tous, nous éprouvons une profonde tristesse de la mort
prématurée de ce jeune et brave ami, le vaillant capitaine
André Cornet-Auquier. Je n'en veux pour preuve que les
témoignages nombreux, variés et sincères qu'elle a provo-
qués.

Le 4 mars, dans le cimetière de Saint-Dié bombardé, le
Lieutenant-Colonel, commandant le 133° régiment d'infanterie, disait du cher disparu :

« Homme distingué d'éducation et d'allures, d'une haute instruc-
tion, animé des plus nobles sentiments, d'une grande élévation de
caractère, il était, de plus, soldat dans l'âme, un de ces soldats dont
la disparition est une véritable perte pour un régiment, pour la
patrie... C'était un chef ! Et, comme il l'avait rêvé, il est mort en
soldat ! Car, s'il n'a pas eu le bonheur de tomber dans la fougue
d'un de ces assauts qu'il a si bien menés en tête de ses hommes,
il n'en est pas moins mort au champ d'honneur, à son poste de
combat, victime de son devoir, en observant où tombaient les obus
ennemis en vue d'ordres à donner pour la protection de ses chers
soldats. »

Après cet officier supérieur, d'autres sont venus, par leurs
visites et leurs lettres, apporter à la famille de notre cher Mort
le tribut de leur admiration et de leurs regrets : la presse,
l'armée, l'université, le clergé, le commerce. Dans le volumi-
neux courrier parvenu au presbytère protestant de Chalon,
les lettres de pasteurs voisinent avec celles de prêtres et de
religieuses ; il y en a d'anciens maîtres et de camarades d'autrefois, de chefs et de subordonnés. L'un des professeurs de
jadis a résumé l'impression générale dans une phrase bien

éloquente en sa concision : « Au cours de trente-trois ans de vie universitaire, je n'ai pas rencontré d'âme plus pure, plus sincère et plus belle. »

Enfin, dans cette ville et dans cette paroisse, le deuil a été général. Votre présence est l'affirmation que « l'homme de bien » ne peut pas disparaître sans qu'on y prenne garde. De ces sentiments, soyez tous remerciés au nom de la famille du Pasteur Cornet-Auquier, soyez-le cordialement de la part d'affligés pour lesquels votre vive sympathie a été précieuse ; vos paroles et votre attitude à leur égard est un adoucissement à leur immense chagrin. Par leur fils et frère, un nouveau lien vient d'être noué entre eux et vous. Aussi elles ont une signification toute particulière ces expressions émues qui, sans cesse, reviennent sous la plume ou dans la bouche des uns et des autres : « *mort glorieuse* » ; « *grande perte* » ; « *chagrin réel et profond* ».

En cet instant, l'appel de mon Collègue et de tous les siens fait de moi le porte-parole des uns et des autres. J'ai connu leur enfant bien-aimé, lycéen, étudiant, soldat, jeune officier ; il y a quelques semaines à peine, sur le quai de la gare de Dijon, j'ai eu la joie d'embrasser le capitaine décoré. Aussi nos cœurs à tous battent à l'unisson ; nous ressentons tous la même émotion profonde.

Mais, nous ne sommes pas assemblés dans cette maison de prière pour nous attendrir ; pas davantage pour y prononcer ou y écouter un panégyrique ; nous sommes venus fortifier nos âmes au contact des vérités éternelles. Excellente occasion aussi de ne pas perdre de vue ce mot de Pascal : « Une des plus solides et des plus utiles charités envers les morts est de faire les choses qu'ils nous ordonneraient s'ils étaient encore au monde. »

Or le désir de celui que nous pleurons serait de nous voir pleins de confiance et de sérénité ; il ne s'est pas lassé de le recommander à ses bien-aimés. A cette heure solennelle que nous vivons, il me voudrait tout simplement « ambassadeur de Christ » (1) auprès de vous, « comme si Dieu exhortait par nous » (1). A son cher père il dirait sans doute : « Tu n'es « pas seul, dans le corps pastoral, à payer ton tribut à la « guerre cruelle. Elle est déjà très longue la liste des fils, des « frères et des gendres de pasteurs tombés au champ d'hon- « neur ; presque en même temps que moi a été frappé un des

---

(1) IIe Epitre aux Corinthiens, V. 20.

« fils de votre collègue de Nîmes (1), celui que tous vous
« entourez de vénération comme un père de l'Eglise. »

Fidèles aussi à son esprit de solidarité et de bonne cama-
raderie, nous associons à sa chère mémoire les noms de ses
frères d'armes de cette paroisse, tombés comme lui au champ
d'honneur, le noble pasteur *Jules Kretzschmar*, un véritable
apôtre, engagé volontaire devenu sergent, le lieutenant *Paul
François*, *Paul Ruet*, *Léon Regenet*, *Robert Louis*, *André Bil-
lard* et autres.

Je groupe enfin, dans une commune pensée, tous les affligés de cette cité et je prends part, avec vous, aux deuils de
notre chère Bourgogne et de notre France bien-aimée. Je sais,
par expérience, ce que c'est que perdre les siens au feu ou les
avoir dans les tranchées; souvent, dans les hôpitaux, j'ai été
témoin de la détresse morale et du chagrin de parents de militaires. Tous, nous avons besoin de secours; nous ne saurions
mieux le trouver, en cette heure de recueillement, que dans
le contact avec Dieu, le Père des miséricordes, devenu en
Jésus-Christ notre père et la source de toute consolation.

I

La vie courte d'André Cornet-Auquier fut bien remplie.
D'une nature ardente et saine, il a largement et sainement
goûté la joie de vivre. Elevé dans un milieu chrétien, choyé
dans une chaude atmosphère de tendre et vigilante affection,
il a connu de la vie la douceur jusqu'à l'heure de la mobilisa-
tion, suivie d'horreurs et de souffrances.

Né en Picardie, dans l'arrondissement de Saint-Quentin, à
Nauroy, village situé à cinq kilomètres de celui qui fut le ber-
ceau de mes ancêtres paternels, dans une région aujourd'hui
envahie par l'ennemi, né, dis-je, le 2 juillet 1887, il a rendu
paisiblement son âme à Dieu entre les bras de son père et de
sa sœur aînée, à Saint-Dié, le 2 mars 1916. Trente-deux heures auparavant, il avait été atteint dans le ventre par un éclat
d'obus. Sa carrière terrestre a donc été de 28 ans et huit
mois. Successivement élève du Collège de Chalon et du Lycée
de Lyon, étudiant de l'Université de Dijon, professeur à celle
de Glascow, soldat à Dijon, sous-lieutenant à Belley, il a vite
conquis à l'armée le troisième galon. Officier de valeur appré-
cié de ces chefs, il avait devant lui un bel avenir. Licencié en

---

(1) Le lieutenant Ernest Babut, 41 ans, professeur à l'Université de Montpellier, un
des fils de M. Charles Babut, pasteur octogénaire à Nîmes, qui, au début de la
guerre, a adressé une lettre remarquable de protestation au pasteur aumônier de la
Cour de Berlin.

philosophie, il possédait une riche culture et un beau talent de diction. Il a mérité cet éloge d'une catholique de votre ville : « Fils bien doué, noblement donné à la France, Français et Chrétien ». Nature sentimentale, conscience scrupuleuse, il se passionnait pour les nobles causes, avec toute l'ardeur de son âme, avec un juvénile enthousiasme que la rude épreuve de la guerre avait mûri et rendu viril.

Vie courte, mais vie bien utilisée, la vie d'André Cornet-Auquier a été celle d'un fidèle serviteur de la Patrie et de l'Eglise. Songeant à cette carrière si brève et aux radieuses félicités réservées dans le ciel aux élus, la parole apocalyptique de l'Ancien Testament se présente à nous : « Ceux qui auront été intelligents resplendiront comme l'éclat du firmament » (1). Et il y a là de quoi être consolé, car ce sont les éternelles promesses du Dieu de Jésus-Christ « *Le Père des miséricordes et le Dieu de consolation qui nous console dans toutes nos afflictions* ».

II

Or, la guerre a fourni à la famille Cornet-Auquier un trésor : la correspondance de leur bien-aimé fils, parti en avant pour « la maison du Père » (2). Dans quelques-unes des quatre cents lettres, environ, écrites du front, ce cher capitaine s'est livré tout entier, révélant tout simplement la noblesse de son patriotisme, la pureté de ses sentiments et de son être, et enfin l'intensité de sa piété.

Pour notre édification et afin de rendre grâce à Dieu, jetons un rapide coup d'œil sur cette triple manifestation.

D'abord un noble patriotisme,

Au contact des réalités de la guerre, quelle épuration de la mentalité de notre jeune ami ! Quand il était à Lyon, en rhétorique supérieure, venant de quitter pour la première fois le foyer familial, foyer austère du pasteur, il fut séduit par les idées à la mode. Il caressa, lui aussi, le rêve de l'internationalisme, du pacifisme, du socialisme émancipateur. A vingt ans, comment, sans l'expérience de la vie, faire la part des utopies et des impossibilités à côté des saintes exigences de la justice et de la fraternité ? Avec quelle ardeur loyale et sincère il se faisait le champion des idées généreuses ! Croyant au bien avec toute la pureté de son âme, il en saluait à l'avance le triomphe ici-bas... Puis, il fallut venir à la caserne.

(1) Daniel, XII, 3.
(2) Jean, XIV, 2.

Appelé à Dijon, il eut pour capitaine un de mes chers parois-
siens, un enfant d'Alsace, tombé lui aussi au champ d'honneur, et ce chef sut lui montrer l'armée sous son vrai jour;
il lui apprit à l'aimer. Aussi sa veuve a pu écrire : « Le capitaine Braun eût été fier d'avoir formé un tel soldat ». Le
patriotisme d'André Cornet-Auquier ne tarda pas à s'épa-
nouir. Ce que ce patriotisme est devenu, les faits l'ont hautement prouvé, et, sur la tombe de ce jeune héros, le lieutenant-colonel Baudrand l'a rappelé en ces termes :

« Sa vie militaire, depuis l'ouverture de la campagne, constitue
un véritable passé de gloire, tout un chant de triomphe que rien
n'est venu ternir, car à Saulcy-sur-Meurthe, à Metzeral, en dernier
lieu à La Fontenelle, le capitaine Cornet-Auquier ne vécut que des
jours de triomphe.

Après l'affaire de la cote 830, à Metzeral, il obtint la citation
suivante à l'ordre de l'armée : « Fait preuve sans cesse des plus
belles qualités militaires et a communiqué à sa compagnie l'énergie
dont il est animé. Le 15 juin, a brillamment enlevé sa compagnie
qui s'est emparée de trois lignes ennemies formidablement orga-
nisées.

Après La Fontenelle, tout jeune, et bien qu'ayant franchi très
rapidement deux échelons de la hiérarchie, il est nommé Chevalier
de la Légion d'honneur avec ce motif : « Brillant officier, s'est distingué en toutes circonstances depuis le début de la campagne, particulièrement le 15 juin et le 8 juillet où il a brillamment entraîné
sa compagnie à l'assaut. A assuré énergiquement, le 9 juillet, la
direction de son bataillon dont le commandant avait été tué. »

Ce patriotisme apparaît aussi dans la manière affectueuse
et paternelle dont ce jeune capitaine parle de ses hommes,
dans son admiration pour leur courage. Ou bien encore il est
plein de joie lorsque, dans son régiment, a lieu une remise de
décoration ou une citation ou un ordre du jour élogieux.

Ecoutez-le s'exprimer comme suit sur le compte du Généralissime, dans sa lettre du 21 avril 1915 :

« J'ai vu notre Joffre ce matin même à 9 heures. — Nous avons
tous senti passer le frisson... Un bel homme et avec une si bonne
expression douce..., à voir cet homme écrasé de responsabilités si
serein, si confiant, souriant, calme, on sentait ses forces à soi décu-
plées, l'espoir augmentait, la confiance devenait plus grande. »

Dans cette même longue missive, il écrit encore :

« Allons ! mère chérie ! parmi toutes ces admirables mères fran-
çaises, je voudrais que tu sois la plus française de toutes. Dis-toi
bien que n'importe quelle vie, même celle de ton fils, n'est rien
auprès du salut du pays... nous ne mourons pas pour des abstractions vagues et pour des mots vides, nous mourons pour des sentiments, nous mourons par amour, par affection, par tendresse. »

Et il entonne un véritable hymne à la Patrie.

Un peu plus tard, le 6 juillet, à la veille d'une grosse offensive :

« Je ne puis vous dire qu'une chose : si j'étais père et que mon fils fût tué, je n'aurais pas de plus grande consolation que de me répéter : il a donné sa vie pour le pays, je ne l'ai pas perdu, je l'ai donné au pays... En somme, j'ai maintenant vu la victoire, je bénis Dieu de l'avoir permis. Si je devais payer de ma vie la victoire prochaine, j'aurais la consolation, en mourant, d'être tombé pour refouler la souillure allemande hors du pays de France. »

On peut et l'on doit bénir Dieu pour de tels propos. Ils sont un baume à la blessure de ceux qui, pour ici-bas, l'ont perdu.

A cela s'ajoute une grande pureté, et dans les sentiments et dans la conduite.

Elle éclate dans la respectueuse sollicitude pour les siens, dans la tendre préoccupation du bien-être et de la sécurité de chacun. Scrupuleux dans l'accomplissement du devoir, il conserve toute sa gaîté native, tout son joyeux entrain. Au repos, il est pour ses frères d'armes un agréable compagnon, mais toujours correct et pur. Dans son langage, comme dans ses écrits, jamais une note vulgaire et triviale. Son âme demeure limpide et elle rayonne ainsi au dehors. Comme l'étudiant autrefois, l'officier a horreur de tout ce qui est impureté du corps ou de la pensée ; chrétien convaincu, il sait que le corps est le sanctuaire de l'âme et il n'admet pas deux morales, une pour l'homme et une pour la femme. Il en a la notion si nette qu'il écrit : « J'ai toujours tâché de faire, en toutes circonstances, mon devoir ; je ne suis qu'un officier qui essaie de donner l'exemple. » Il parle quelquefois de l'amour, mais pour se le représenter sous les traits d'une jeune fille pure. Il avait pour sa sœur aînée, la modeste et héroïque infirmière décorée par le Président de la République, un véritable culte, celui de la pureté. Dans sa longue lettre du 21 avril il y a, ai-je dit, un hymne à la Patrie. J'y ai relevé la phrase suivante : « Cette pauvre petite âme abandonnée que je viens d'arracher de la gueule du loup, c'est aussi la patrie. » Depuis elle m'a été expliquée, cette phrase énigmatique à première vue. Il s'agit d'une jeune fille sollicitée au mal et à qui André Cornet-Auquier rappela sa propre dignité, l'empêchant de descendre dans l'abîme du vice et lui faisant promettre, sur la tombe de sa mère, de rester une honnête femme. Cette humble jeune fille, ainsi arrachée au mal, vint sangloter aux pieds du capitaine Cornet-Auquier, dès qu'elle apprit sa mort ; elle déposa sur sa dépouille une modeste gerbe de fleurs comme

André CORNET-AUQUIER

Capitaine au 133e d'Infanterie
Chevalier de la Légion d'Honneur, Décoré de la Croix de Guerre
Né à Nauroy (Aisne) le 2 Juillet 1887,
Mort pour la France, à St-Dié (Vosges) le 2 Mars 1916

UNE HEUREUSE RENCONTRE

LE FRÈRE ET LA SŒUR SUR LE FRONT LE 1ᵉʳ NOVEMBRE 1915

preuve de sa reconnaissance. Inutile d'affaiblir ce témoignage des faits par un commentaire ; ils parlent d'eux-mêmes. Devant cette vie pure d'un brave, il suffit de rendre grâces au *« Père des miséricordes, le Dieu de Jésus-Christ, le Dieu de toute consolation »*.

C'est pourquoi, il faut le proclamer bien haut, tout cela a été la résultante de cette réalité de tous les jours : une piété vivante.

Tant de fils de chrétiens fidèles sont pris par le monde ! Ils oublient alors les principes inculqués par leurs parents. Ici, le soldat de la France est resté « soldat de Jésus-Christ ». Comme Timothée (1), le fils spirituel du grand apôtre Paul, « il a conservé dans la foi qui est en Jésus-Christ les saines « instructions reçues ; il est demeuré ferme dans les choses « apprises et reçues avec une pleine conviction dès l'enfance » (1).

Chaque lettre se termine par le souhait sincère d'une âme pieuse :

« Je vous recommande au Père céleste »... « Que Dieu soit avec vous »... « Dieu vous bénisse et vous garde »... « Je vous embrasse en vous recommandant à Dieu »... « Attendons avec confiance les événements. Dieu veille, cela suffit »... « Je demande au Père céleste de se tenir près de vous et de vous donner sa force. »

Voici enfin quelques citations prises au hasard :

« 11 JUIN. — Si la volonté de Dieu, — sans laquelle rien ne m'arrivera, — était que je tombe, ne cessez pas de le bénir. Il travaille pour notre bien. Et puis, nous ne sommes pas des gens sans espoir ; si ce n'est pour ici-bas, c'est pour là-haut et pour toujours. »

« 2 JUILLET. — Je me contente de dire à Dieu : que ta volonté soit faite, et cela est infiniment bon et réconfortant. Je constate son infinie bonté et je ne songe qu'à m'humilier de l'avoir si peu méritée, et je m'efforce de m'en rendre chaque jour plus digne en me demandant ce que Jésus ferait à ma place. »

« 6 JUILLET. — Je ne demande à Dieu que deux choses : sa force pour la lutte et son pardon pour mes péchés. »

Qu'ajouter à cette loyale profession de foi livrée aujourd'hui à la publicité en vue de l'affermissement de la nôtre ? Rien que l'expression de notre reconnaissance envers Dieu. Nous réfugier près de Lui est ce qu'il y a de meilleur pour nous : n'est-il pas toujours, en Jésus-Christ, le Père des miséricordes et pour toutes nos afflictions le tout puissant Consolateur ?

---

(1) Épitres à Timothée 1ᵉ chap. 1, 2 ; IIᵉ chap. I, 13, III, 15.

III

Et maintenant, il nous faut conclure.

Comment le mieux faire qu'en proclamant, une fois de plus, la bonté de Dieu?

A Lui et non pas à un homme — si cher qu'il soit à nos cœurs — nous rendons grâces. Nous le bénissons de placer devant nos yeux un si bel exemple et de nous offrir, dans nos afflictions, un si puissant réconfort.

L'exemple est celui d'un de ses enfants, nourri de la Bible et habitué à la prière. Redisons-le bien haut : s'il fut soldat de la France dans toute l'acception du terme, c'est qu'au préalable il fut et il resta toujours « soldat de Jésus-Christ ». A nous de dire avec lui comme le psalmiste David, le roi-prophète qui a été un guerrier d'élite : « Oui, mon âme se repose en Dieu, en lui est mon salut, il est ma retraite ; je ne serai point ébranlé..... Pour moi, m'approcher de Dieu, c'est tout mon bien ; il est mon partage à toujours » (1).

Et il faut ajouter avec le poète chrétien (2) :

> Mon Dieu, j'espère en Toi !
> De toutes parts si le danger me presse,
> Tu viens prêter ta force à ma faiblesse ;
> Ton amour bannit mon effroi :
> Mon Dieu, j'espère en Toi !

C'est là la source d'où jaillissent les fécondes énergies. Elle s'offre à tous. André Cornet-Auquier y a largement puisé. D'autres avant lui : les Escande, les Casalis, les de Richemond. D'autres suivront, tous ardents patriotes et zélés chrétiens. De ces exemples, nous avons tous à nous inspirer, ils doivent enflammer l'enthousiasme des jeunes et celui-ci se communiquer à leurs aînés. Tous deviendront alors capables de travailler à la régénération de la France : après la victoire de demain, nous la voulons unie, grande et belle !

Aussi, dans la longue et cruelle épreuve de la guerre actuelle, pouvons-nous tous être réconfortés par les riches consolations offertes par Dieu. Certes, nous vivons au milieu d'insondables mystères ; ils confondent la raison ; ils blessent nos cœurs ; ils troublent nos consciences. Parfois, nous luttons avec l'innombrable armée des obsédants pourquoi. A certaines heures, nous assaille la diabolique tentation de douter de Dieu, de nier son existence ou de lui reprocher de ne

---

(1) Psaumes LXII, 1, 6 ; LXXIII, 26.

(2) *Recueil des Psaumes et Cantiques*, cantique 132 (c'était le cantique préféré d'André Auquier, aussi a-t-il été chanté au service du 16 mars).

pas intervenir au gré de nos désirs. Gardons-nous de tout blasphème. Il y a lieu, au contraire, de nous humilier, de courber la tête, de nous frapper la poitrine, de nous accuser nous-mêmes. Ce qui nous a conduits où nous sommes, c'est le péché de l'humanité et chacun de nous y a sa part. Le péché, c'est l'orgueil, l'ambition, l'amour de l'argent et du bien-être, l'égoïsme et la soif de jouissance, l'impuissance à supprimer le paupérisme et l'alcoolisme, la complaisance pour le vice, l'immoralité et surtout l'oubli de Dieu et le mépris de ses lois morales. Et l'épreuve est venue... Mais voici : le sang répandu n'est pas seulement la rançon du péché, il est aussi libération ; les semailles tragiques de l'heure présente permettent de saluer à l'avance les moissons de demain, faites du respect du droit, et du besoin de fraternité réelle.

En attendant, et dans l'amertume de l'épreuve, Dieu nous reste, le Dieu de Jésus-Christ, respectueux de la liberté des hommes, plein de tendresse, toujours prêt à leur ouvrir son cœur de Consolateur.

Il lui a plu, mon cher collègue et ami, de recueillir votre fils dans « les tabernacles éternels ». Inclinez-vous devant sa volonté mystérieuse et paternelle et recevez de lui les forces consolatrices. Il vous rendra capable d'exercer, dans sa plénitude et avec une expérience enrichie, le ministère sacré de la consolation auprès des âmes qui vous sont confiées, et vous trouverez dans votre obéissance de nouveaux motifs de le bénir...

Oui, nous te bénissons, ô Père Céleste ! Dans la tourmente qui agite le monde, tu demeures gardien de la justice éternelle. Le bruit des canons empêche bien des maltraités de la vie d'entendre maintenant ta voix, mais, bientôt, viendra l'heure où nos héros ayant achevé de mourir pour la Patrie, l'humanité meurtrie reviendra à Toi. Elle pourra alors comprendre que, fidèle à toi-même, tu n'as jamais cessé d'être et tu seras toujours en Jésus-Christ, notre Père aux entrailles de miséricorde et le Dieu des consolations.

Frères et Sœurs, vous surtout qui pleurez vos bien-aimés tombés pour la France, relevez la tête avec confiance ! Tous, ayons patience et courage car (1) si « le salaire du péché c'est la mort », « le don de Dieu », c'est, par le Sauveur Jésus-Christ, la vie, la vie belle et vraie, « la vie éternelle ».

AMEN

---

(1) Epître aux Romains VI, 23.

Quelques autres Témoignages rendus à André Cornet-Auquier

Par ceux qui l'ont particulièrement bien connu

Ses camarades du Lycée Ampère, comme ses camarades du régiment, garderont pieusement le souvenir de cette âme d'élite, de cette haute raison à la fois enthousiaste et grave, passionnée jusqu'au sacrifice pour toutes les nobles causes.

C..., prof.

La mémoire de votre fils restera chère au cœur de son maître qui l'aimait tant. Je garderai le souvenir très précis de toutes ces qualités d'esprit et de cœur qui faisaient de lui un « homme », à l'âge où l'on est encore un enfant ; je le reverrai toujours tel qu'il était dans cette Première Supérieure où tous ses camarades s'inclinaient avec respect devant la droiture de sa conscience et la valeur morale de ses sentiments.

R..., prof.

Ce qui rend pour moi la perte de mon ancien élève particulièrement sensible, c'est que, mieux que personne, j'avais pu apprécier la noblesse et la vaillance de cette âme d'élite.

N... Ch., principal honoraire.

Vous savez toute l'affection que j'avais pour votre fils depuis dix ans. De près ou de loin, il n'a jamais cessé de me confier ses espoirs, ses projets, parfois ses hésitations, ses scrupules. Et je peux dire que, au cours de 33 ans de vie universitaire, je n'ai pas rencontré d'âme plus pure, plus sincère et plus belle.

C..., surveillant-général au Lycée de Lyon.

Mieux que qui que ce soit peut-être, je peux comprendre votre douleur et pleurer avec vous, car j'aimais votre fils comme s'il eût été mon propre fils... Quelle belle et noble vie que la sienne ! Vie sans tache et sans reproche ; toujours il a donné l'exemple du devoir, de la droiture, de la pureté, de la piété vraie. Partout où il a passé il a répandu la bonté, le bien, la vertu. Vous pouvez être fiers de lui et remercier Dieu de vous l'avoir donné. Maintenant qu'il est mort en vrai fils de la France, votre patrie, de cette France qui fait l'admiration du monde entier, j'honore votre fils encore plus si possible que je ne l'estimais et l'aimais de son vivant.

C. M..., ancien Principal de Collège, en Angleterre.

Votre fils m'avait fait l'honneur de me confier ses projets d'avenir, et j'avais pu apprécier toute la noblesse de ses sentiments et la générosité de son cœur.

M. S..., ingénieur.

Vous perdez un fils glorieux, affectueux, et de la plus haute valeur morale. Je perds, et dans la plus grande douleur, le camarade dont j'étais le plus fier d'être l'ami.

Lieut. F. G...

Il ne nous avait jamais dit qu'il nous aimait, mais son affection pour nous se manifestait dans tous ses actes, et nous le lui rendions bien. Nous l'aimions de cette affection, faite surtout d'estime et de confiance, que portent les soldats aux meilleurs de leurs chefs, pour sa bonté foncière, pour la haute conscience avec laquelle il remplissait son devoir d'officier, pour son ardente énergie, sa largeur d'esprit et sa merveilleuse intelligence. Il nous avait tant de fois conduits au succès et avait, à notre tête, bravé tant de dangers qu'il nous semblait invulnérable, et nous espérions bien que nous irions sous ses ordres à la victoire finale, en justifiant jusqu'au bout la réputation de compagnie d'élite qu'il nous avait acquise. Sa mort nous a frappés de stupeur, nous ne pouvons nous résoudre à la pensée que nous ne le reverrons plus, lui si vivant, si plein de promesses.

Sergent L...

Le Capitaine nous aimait, nous le savions et le sentions, mais c'est maintenant qu'il n'est plus que nous nous en rendons le mieux compte. Dire que celui que nous étions accoutumés de voir si pimpant, si fier, si noble, si plein de vie, gît dans une tombe ! Où sont allés cette intelligence supérieure, cet esprit si hautement cultivé, si fécond en initiatives ?..... Ce n'est pas un spectacle fréquent que celui de soldats, habitués à coudoyer la mort, pleurant comme des enfants, ainsi que nous pleurions autour de son cercueil.

Sergent F...

Le souvenir de notre Capitaine, que nous avons estimé et aimé comme un père, restera vivant dans nos cœurs. Sa valeur et son génie militaire nous donnaient l'assurance que sous son commandement tout était réalisable, même les choses les plus difficiles. En un mot, il avait su gagner notre absolue confiance.

M... Ch.

Soyez assurés que la 4ᵉ section de la 1ʳᵉ compagnie gardera du Capitaine Cornet-Auquier le meilleur, le plus excellent des souvenirs. Sa mort nous a profondément affectés, car nous l'estimions et l'aimions avec un respect filial.

Caporal G...

Le Capitaine Farjat et moi causons souvent du Capitaine Cornet-Auquier, mais nous nous arrêtons bientôt, car une telle disparition nous rend trop tristes.

J. M..., cuisinier.

Mon souvenir est tout rempli de sa bravoure, de son énergie, de sa droiture, de la supériorité qu'il manifestait dans son commandement, du charme que répandait sa gaîté, son savoir, son caractère affectueux et sûr. Nous l'avons aimé sans peine, car il était entièrement aimable. Sa nature pleine d'élévation, sa conduite sans reproche auraient d'ailleurs forcé la sympathie. C'était un beau soldat, du type de ces héros qui achètent une dure victoire par leur sang très noble et très généreux.

Commandant R...

... Les larmes nous serraient la gorge, et tous nous pensions cette phrase que notre général qui aimait tant votre fils, laissa tomber dans le silence provoqué par notre émotion : *« Ce sont ceux-là qui, en forgeant l'âme de nos soldats actuels, nous ont donné la victoire. Que Dieu les accueille et les récompense! Il nous reste à suivre leur exemple. »*

G..., capitaine d'Etat-major.

Extrait des Lettres d'André Cornet-Auquier [1]

Colwynbay, 3 août 1914. — Mes chéris, d'après les derniè-res nouvelles, c'est la guerre. J'ai appris cela hier après-midi, chez les B... Tout le monde a pâli. On a fait un culte de famille et nous avons chanté « Reste avec nous, Seigneur ». Les paroles sont si belles ! M. B... a prié pour moi, pour maman, afin que Dieu la soutienne dans l'épreuve. Il a dit : « Nous te recommandons la mère de notre frère, tu sais ce qu'ils sont l'un pour l'autre... » J'étais et je suis si calme ! Dieu est là, ne craignez rien... Et puis, j'ai l'âme militaire. Vous direz aux oncles d'Angleterre que je suis fier de me bat-tre non seulement pour la France, mais aussi pour l'Angle-terre, cette chère seconde patrie ; et s'il faut mourir pour ces deux pays, on mourra heureux, pourvu que ce soit dans une victoire. On est soldat français. Je serai à Paris demain, dans la journée. »

Chalon-sur-Saône, (2), 5 août 1914. — ... Dites aux oncles Anglais que je me battrai comme un Français et que je mour-rai comme un Anglais. La consigne est le mot d'ordre de Nel-son : « La Patrie attend que chacun fasse son devoir. » Allons, bon courage ! Vivent la France et l'Angleterre !

Belley, 6 août. — ... Vous ne pouvez vous imaginer l'en-thousiasme délirant des troupes. Un officier anglais, que j'ai rencontré en gare d'Ambérieu, n'en revenait pas. — Je me suis entièrement replongé dans l'esprit militaire : je suis sol-dat dans l'âme.

Belley, 15 août. — ... Je serai sous peu officier de semaine, chargé de la police ; je vous assure que les bistros l'auront dure. Nous avons tout pouvoir, ils le sentiront, ces saligauds qui font entrer nos hommes dans leurs établissements par des portes de derrière, pour les soûler... Nous sommes ici plu-sieurs qui brûlons de partir pour le front. Je suis venu pour me battre, plein d'ardeur et de bonne volonté ; or nous pas-sons le temps à ne rien faire, à nous embêter, pendant que d'autres se font trouer la peau. Aussi au premier appel de volontaires, je pars.

---

(1) Afin d'éviter les répétitions, on n'a pas reproduit ici ce qui en a déjà été cité dans le discours de M. le Pasteur Gambier et ailleurs.

(2) Les parents d'André Cornet-Auquier étaient en Suisse quand la guerre éclata, e lorsque leur fils traversa Chalon pour rejoindre son Dépôt.

X..., 23 août. — Mes chéris, je suis en campagne. Une première étape de 25 kil. très bien supportée. Réception fort cordiale du Colonel. Retrouvé beaucoup de mes anciens hommes. Je perds mon ami Girard, mais comme il est dans un bataillon voisin, nous nous verrons souvent... C'est curieux d'entendre parler allemand autour de soi; mais on se sent si bien en France malgré tout! — Vu à Belfort, 24 canons pris aux Allemands. — Rencontré plusieurs convois de prisonniers. C'était très curieux de les voir rire et plaisanter quand nous les avons croisés sur la route. Ils nous considéraient comme des camarades une fois le match de football fini. — Le capitaine que j'avais dernièrement à Belley, a pleuré comme un enfant de ne pas venir avec nous.

D'Alsace, 25 août. — ... Quel accueil! « Vous êtes nos sauveurs », nous disait-on ce matin. On trinque au cri de : Vive l'Alsace française! On nous soigne, on nous dorlote. Mais ce n'est pas de trop, car c'est dur. Tout se fait la nuit à cause des avions; depuis cinq jours j'ai dormi à peine de 12 à 15 heures. On est fatigué, mais on a abondamment à manger. Mon allemand me sert, mais les gens sont fiers de parler français... Le moral est bon.

27 août. — ... Les sentiments de la population varient beaucoup suivant les endroits. Dans certains on est moins Français que dans d'autres.

4 septembre. — Baptême du feu!!! Oh! les horreurs de la guerre! Les villages ravagés! Quelle épreuve pour les nerfs!... Dieu soit avec vous! Je le sens avec moi!

10 septembre. — ... Je vous écris à quelques cents mètres des lignes ennemies. J'ai couché à 200 mètres d'eux! Je vous assure que j'ouvrais l'œil, et le bon!... Nous sommes éreintés. Je suis resté dix jours sans me laver, et je ne me suis pas déchaussé pendant huit! Je ne puis vous décrire mon teint!

C'est avec l'artillerie lourde que j'ai reçu le baptême du feu; durant trois heures, nous sommes restés tapis contre terre pendant que les obus tombaient autour de nous. L'un d'eux a éclaté à 5 mètres à peine de moi, faisant un trou énorme en terre. J'ai été couvert de terre et de débris... Ce qu'il y a de plus atroce, c'est l'odeur des cadavres. L'autre jour, ma section a été chargée d'en enterrer une trentaine à moitié putréfiés. C'était inimaginable. Ce que j'en ai vu d'horreurs, et de blessures atroces, et de villages en ruines! Quelles brutes que ces Allemands qui incendient les fermes!... Je suis tout prêt à donner ma vie, si je sais que vous en avez fait le sacrifice pour la France. — Je me sens entouré de prières et je prie beaucoup pour vous tous. J'ai pour bon camarade un prêtre, sous-lieutenant également. — Mille tendresses bien affectueuses à tous. Dieu veuille nous préserver tous comme il l'a fait jusqu'ici! Votre fils et frère qui vous embrasse bien fort.

12 septembre 1914. — Une grosse nouvelle : je commande une compagnie! Je reste avec mon grade, bien entendu, mais j'ai tous les pouvoirs, tous les droits et aussi toutes les responsabilités d'un capitaine. C'est effrayant! Quand on m'a appris la chose, hier, j'en ai été réellement malade : la vie de tant d'hommes entre mes mains! Priez beaucoup pour moi; j'en ai plus besoin que jamais. Je me sens si jeune et si inexpérimenté!...

Vous ne pouvez pas vous faire idée des horreurs du champ de bataille. On ne peut se l'imaginer.

Nous avons, ce matin, traversé un village dont une seule maison et l'église n'avaient pas été incendiées; tout le reste avait été brûlé, et il ne restait plus que quatre murs. Il faut entendre les habitants raconter les souffrances qu'ils ont endurées, et voir les maisons où ces brutes d'Allemands ont passé!... Le canon tonne, et c'est la poursuite de leur armée en fuite qui se continue. Sur la crête que j'occupe, ils ont abandonné une quantité considérable de munitions d'artillerie.

Avez-vous des nouvelles des Londonniennes et de Marguerite? Je ne reçois pas un mot de vous ni d'Angleterre. Une seule carte depuis que j'ai quitté Belley.

22-24 et 27 septembre. — Je suis resté 15 jours sans me déchausser et me laver ou me raser! Je vous écris sous les obus, et je mange et dors dans les mêmes conditions...

C'est effrayant la mentalité qu'on acquiert sur un champ de bataille. Jamais je n'aurais cru que je pourrais rester aussi indifférent en présence de cadavres. La vie humaine semble, pour nous, avoir perdu toute sa valeur. Dire qu'on en arrive encore à rire au milieu de tout cela, comme des fous. Mais, dès qu'on réfléchit, c'est un sentiment extraordinaire qui vous envahit, une gravité et une mélancolie infinies. On vit au jour le jour, on ne pense plus à demain, car y aura-t-il un demain? On n'emploie plus le futur sans dire: « Si nous en revenons ». — Plus de projets d'avenir, tout est arrêté, fini pour le moment. Quelle vie étrange! Il semble qu'on aimerait savoir ce qui arrivera. Et dire que Dieu sait, et que tout cela il l'avait prévu ! — Un capitaine de mes amis, très catholique et très pieux, disait l'autre jour qu'avant chaque combat il priait. Son commandant lui répondit que ce n'était pas le moment, et qu'il ferait mieux de prendre ses dispositions. Le capitaine lui dit : « Mon commandant, cela ne m'empêche pas de commander, de prendre mes dispositions et de me battre, et je me sens plus fort. » J'ai dit : « Mon capitaine, je fais comme vous, et moi aussi je m'en trouve bien. »

Ma petite mère m'écrit qu'elle voudrait bien mettre ma tête fatiguée sur son cœur ; et moi donc ! Je suis parfois si éreinté, surtout depuis que j'ai cette compagnie.

Bonnes amitiés à tous les amis. Salut fraternel à Georges Bernigaud.

C'est aujourd'hui dimanche, il est 10 heures du matin ; vous allez descendre pour le culte et papa priera pour « nos soldats et nos marins ». Oh ! priez bien pour eux. Comme c'est douloureux d'entendre le canon tonner un dimanche, au lieu des chants de louanges et de prières. Je vous serre tous sur mon cœur, mes chéris, et je vous embrasse bien tendrement.

28 septembre. — ... Il semble que plus cette guerre dure, plus les chances d'en échapper diminuent, mais ayons confiance dans le Père céleste ; rien n'arrivera sans sa volonté... On avait prédit que cette guerre serait ou très courte ou très longue.

4 octobre. — ... Aujourd'hui, pour la première fois depuis la campagne, j'ai pu prendre quelque chose qui ressemble à un bain et me décrasser...

J'ai un commandant épatant, très calé, et en qui j'ai une confiance absolue, ce qui est énorme. Il me pousse et veut faire de moi un « chef », m'a-t-il dit.

9 octobre. — J'ai appris hier, par le journal, la mort du capitaine Valentin. C'est navrant. Pauvres Gambier ! Un si charmant garçon ! Oh ! pourquoi ? — Maudite guerre !

Pauvre Bolle ! le bras droit enlevé ! Mais au moins il a conservé la vie...

Hier, profitant du repos, j'avais invité à déjeuner mon chef de bataillon et un capitaine que j'aime beaucoup. Nous leur avons servi un menu épatant : Entrée : Saucisson, jambon, précédée d'un délicieux bouillon ; bœuf nature avec une sauce fameuse, petits pois conserve, quelque chose de délicieux ; rôti, pommes frites, non, je voudrais pouvoir vous en envoyer ! rissolées, jaune d'or ; salade, beignets aux pommes, tarte aux fruits, desserts variés, poires ; vin fin : Graves blanc de Bor-

deaux, café, chartreuse ! — Le commandant était renversé !
Nous en avons reçu des compliments ! — Le, tout fait par
mon cuisinier, un ouvrier mineur de Saint-Etienne, aidé, pour
la circonstance, par la patronne de la maison où je loge.
Grande nappe blanche, service d'assiettes tous les 2 plats ! etc.
Nous ne nous reconnaissions pas ! — En campagne, c'est
curieux, on mange comme des saligauds, et en somme assez
mal, pendant des semaines, et l'on est tout à coup mis en présence de gourmandises ; alors on fait des folies. J'appelle
folies un repas comme hier. Vous voyez que ça rentre encore
dans les limites du raisonnable. Un lit ! mais je ne peux pas y
dormir ! Comment voulez-vous qu'on dorme déshabillé dans
un lit, quand on est habitué à coucher botté, le revolver au
côté, et sur de la paille ?

Reçu une lettre d'oncle Charles. On la dirait écrite par un
stratège... Le brave vieil oncle meurt d'envie de combattre à
mes côtés ! Il m'écrit que s'il lui était donné de pouvoir le
faire, sa seule prière serait de ne pas mourir avant d'avoir tué
lui-même *au moins trois Boches !*

17 octobre. — Voici une anecdote authentique que papa
peut communiquer au *Progrès* : Nous occupions, depuis dix
jours, le petit village de Gemainfaing que les Allemands bom-
bardaient généreusement pendant plusieurs heures par jour,
sans nous avoir jamais blessé un seul homme sur tout un
bataillon. Un beau jour où le bombardement avait été plus
acharné que d'ordinaire, ils réussirent cependant à blesser un
homme... un Allemand ! Voici comment : Un obus tomba sur
la maison occupée par mon chef de bataillon, creva le toit, et
pénétra dans la grange, où il éclata sur le foin. Il y avait là
quelques soldats qui ne furent pas atteints, mais qui virent
tout à coup tomber du ciel parmi eux, un malheureux Boche
qui, depuis que les siens avaient abandonné l'endroit, se
cachait dans le foin, crevant de faim. Le malheureux bougre,
un réserviste, père de NEUF enfants, n'avait été chassé de sa
cachette que par un obus allemand dont un éclat l'avait atteint
au bras. Dégringolant dans le foin, comme Cyrano de la lune,
il était tombé malgré lui au milieu d'un groupe de troupiers
français ! Il les supplia de ne le point tuer, on le conduisit au
commandant qui lui administra un cordial et le fit conduire au
médecin. C'est une de nos bonnes histoires ; il y en a d'autres
qui viennent de temps en temps égayer un peu notre vie.

... N'était que je voudrais vous embrasser, ça irait ; seulement il y a cette séparation, et ça menace de durer ! Se
reverra-t-on ? Ne pas savoir, c'est l'horrible ; et pourtant, il

vaut mieux qu'il en soit ainsi. S'il était toutefois possible que Dieu réponde à nos prières, que sa volonté s'accorde avec nos vœux les plus chers ! — Mais on a aussi prié pour tous ceux qui sont tombés. Enfin, à la grâce de Dieu !

23 et 25 octobre. — L'autre jour, je me suis glissé près des tranchées ennemies, et j'ai entendu les Allemands parler entre eux ; c'était impressionnant.

Savez-vous que, tout en écrivant, je bois du thé fait à l'anglaise. Ça ne vaut pas le bon thé de la brave tante Clara, mais ça me rappelle de loin « Good old England. »

Nous recevons les « Petits Paquets du Soldat » ; c'est adorable. Il y a là dedans un tas de choses chaudes : une chemise de flanelle, une ceinture de flanelle, un caleçon, 2 paires de chaussettes, 2 mouchoirs, une serviette, du tabac, des crayons ou du papier à lettre. C'est fait par des mamans, ça se voit. Sur le paquet, une étiquette : « Offert à un de nos vaillants soldats du 133ᵉ d'Infanterie » ; et, à l'intérieur, un mot aimable sur une carte : « Bonne santé, bon courage, et vive la France ! » Cela m'a amené les larmes aux yeux. Les uns sont envoyés par des laïques, les autres par des œuvres religieuses.

C'est très curieux, l'effet moral et nerveux produit sur moi par la guerre. J'ai vu des cadavres en décomposition, d'autres aux yeux ouverts et qui semblaient me regarder, j'ai vu les blessures les plus horribles, des jambes coupées par des éclats d'obus et baignant dans des mares de sang ; j'ai enjambé des cadavres, ça ne me fait plus rien ; mais des récits émouvants, des paroles patriotiques, une action d'éclat, un élan de pitié me font dresser les cheveux et pleurer...

Je suis de service cette nuit dans mes tranchées : nuit superbe, avec de la lune. Oh ! qu'il fera bon là prier pour vous ! Au revoir, mes chéris ; je vous serre tous sur mon cœur et vous recommande à Dieu. Votre fils et frère affectionné, André.

26 octobre. — Décidément, Marguerite a remué le monde de la Presse, et je continue à tout ignorer de A jusqu'à Z de ses exploits héroïques. Par grâce, quelques détails...

Envoyez-moi, je vous prie, un Nouveau Testament avec Psaumes, la plus petite édition possible. Tous les soldats allemands ont des livres de prières ; il y en a pour les Protestants et il y en a pour les Catholiques. Il y a des prières du matin et du soir où il est demandé protection contre le « bôse Feind ! » C'est moi, le « bôse Feind » (1), de leur point de vue.

---

(1) Le Méchant ennemi.

28 octobre. — Mes chéris, je suis promu lieutenant! Vous, rappelez-vous mon galon de soldat de 1re classe? Celui-ci m'a fait presque moins d'effet; on se blase! et puis vraiment on n'a guère le temps de se laisser impressionner par un galon en des circonstances comme celles-ci. Je pense tout de même que ma dépêche vous fera plaisir. J'ai appris la chose par une dépêche téléphonique du colonel adressée à moi-même, et reçue à huit heures du soir, alors que je sommeillais déjà roulé dans ma couverture! Un de mes sous-lieutenants me réveille et me tend le papier jaune que nous connaissons tous, et moi qui étais vanné, je commence à rouspéter : « Quoi? encore un ordre de mouvement? j'ai un sommeil! » Mais l'autre en me tendant la feuille me dit : « Toutes mes félicitations, mon lieutenant! » Je lis : « Le lieutenant-colonel Dayet, commandant le 133e, envoie ses félicitations à Monsieur Cornet-Auquier promu lieutenant. » Mon chef de bataillon et un capitaine que j'aime beaucoup avaient ajouté au bas : « Nous y ajoutons les nôtres. » N'était-ce pas gentil, tout cela?

Le colonel Dayet est un officier épatant, et un *chef* en qui nous avons toute confiance, calme, froid et très brave. Il sait prendre le troupier et il sait parler aux hommes. Je l'ai vu un jour de combat tapoter la joue d'un homme : « T'es palôt, toi, t'as pourtant pas peur? »

4 novembre. — ... J'ai, depuis que je suis au commandement de la compagnie, un excellent ami. Il était adjudant de réserve quand je suis arrivé, et il a été nommé sous-lieutenant. C'est un instituteur, fort bien, très comme il faut et très sérieux; il est jeune marié et très épris; il parle de moi à sa jeune femme dans toutes ses lettres, et celle-ci m'est si reconnaissante pour le peu que je fais pour son mari. Nous nous racontons naturellement nos petites histoires. Je lui ai lu le récit de la fuite de Marguerite, de Bruxelles.

14 novembre. — ... Pour le *Progrès* : Il s'en est passé une bonne au 23e, près d'ici : Nos tranchées et celles des Boches sont en certains endroits à 80 mètres les unes des autres; or, sous bois, par une nuit noire, on se désoriente vite. Un fantassin sort de la tranchée la nuit... et se perd; entendant des ronflements dans une tranchée, il s'y dirige, s'y installe et s'y endort. Gêné par son voisin, il le repousse; mais l'autre lui pose sans gêne sa jambe sur le corps. Le fantassin impatienté repousse violemment la jambe : horreur! C'était une botte! Le troupier français était entré dans une tranchée boche. Inutile d'ajouter qu'il a déguerpi en vitesse.

15 novembre. — Hier, un renfort est arrivé de Belley avec 10 officiers, dont plusieurs capitaines. Toutes les compagnies sont maintenant commandées par des capitaines, sauf la Ire dont je garde le commandement. Le colonel et le commandant ont tenu à me garder comme commandant de compagnie. Je suis heureux de cet honneur dont je sens tout le prix. Je ne me réjouis pourtant pas de mon avancement comme je m'en réjouirais en temps de paix ; les circonstances sont trop douloureuses, et cet avancement n'est dû qu'à la mort de camarades tombés au Champ d'honneur ; mais c'est d'une joie tranquille et mélancolique, de la joie d'un homme qui fait ce qu'il peut, et ensuite laisse faire à son Dieu.

Comme je suis parfois triste de ma solitude, du désir de vous revoir, de sentir ma vie en suspens, de sentir vos inquiétudes et vos anxiétés ! Je pense si peu à moi, mais tant à vous ! Il y a des heures où je voudrais ne pas avoir de famille, être seul ; je sens qu'alors je serais moins inquiet, que m'importerait alors la mort que nous regardons en face tous les jours sans savoir le matin si nous nous coucherons le soir ? Et puis il y a des heures où je reprends confiance : Je me répète la phrase que Marguerite m'écrivait sur un bout de papier à mon passage à Paris : « Rien ne t'arrivera sans la volonté de Dieu. » Ainsi tout ira bien puisque ce sera sa volonté ; et Il pourvoira.

C'est si difficile de bien prier en campagne, on a si peu de temps à soi, on est à chaque instant dérangé. Il m'est arrivé, tombant de sommeil, de m'endormir en priant ; en me réveillant, la nuit, je continuais à prier pour me rendormir encore. Mais Dieu comprend cela, n'est-ce pas ? Et puis, la prière, il me semble que c'est quelque chose de constant. Il sait bien Lui, que si je ne puis le prier des lèvres, je le prie du cœur tout le jour. Il connaît mes souhaits les plus chers, mes vœux les plus ardents, et Il sait que, même non exprimés en paroles, ils montent toujours de mon cœur vers Lui, et que ce n'est que parce que je crois en Lui que j'ose faire ces vœux et ces souhaits.

Il y a une chose qu'il m'est plus facile de faire, c'est de lire mon Nouveau Testament ; le tout petit qu'Yvonne et Thérèse m'ont envoyé ne me quitte pas. Ce matin, je me suis arrêté à ce verset : « Je vous laisse la paix, je vous donne ma paix. Je ne vous la donne pas comme le monde la donne. Que votre cœur ne se trouble point et ne s'alarme point. » Cela m'a suffi. Avec Jésus et par lui, on se sent si bien abrité !

Quand vous recevrez cette lettre, je serai, Dieu voulant, au repos un peu à l'arrière. Le voyage serait-il trop long et trop difficile pour que papa y vînt? Le voir et l'embrasser à quelques kilomètres des Boches! Le rendez-vous serait à Saint-Dié.

21 novembre 1914. — Je viens de passer deux jours, avec ma compagnie, dans un petit village où j'étais commandant d'armes. Je représentais l'autorité militaire, le maire était à ma disposition, je signais les laissez-passer pour les gens du pays, j'étais un personnage! J'étais admirablement logé, chez des gens très gentils. Il y avait là une jeune fille de 19 ans, très douce et du nom de *Thérèse!* Ce que je l'ai fait rire, elle et sa mère!

C'était bon de revoir des femmes et d'être un peu dorloté. Dans une existence comme la nôtre, vivre avec des femmes et une jeune fille pendant deux jours, c'est comme si la paix était signée, ou au moins comme un armistice. On peut reparler de sa maman, de ses sœurs, à des gens qui vous comprennent.

Et puis je suis redevenu gosse, j'ai rajeuni!

Aujourd'hui, je suis rentré ici avec ma compagnie; et quand du haut de mon cheval, je la voyais, cette belle compagnie de 270 hommes, serpenter sur la route, j'ai eu un sentiment de fierté qui m'a paru nouveau. Savez-vous que j'ai bonne allure sur mon grand cheval, tout équipé, le sabre au côté, la couverture de campement roulée derrière la selle; et toujours je me dis: « S'ils me voyaient, comme ils seraient contents! » « Ils » c'est vous! Et je me représente vous tous, les uns après les autres, et il me semble entendre vos réflexions, voir papa avec les yeux brillants, un peu ému et dans le fond tout fier! Hein? mon vieux papa? Et puis maman, me recommandant d'être prudent avec ma monture. Pauvre bête, c'est une prisonnière, elle aussi, une jument allemande captive, et je ne sais comment la baptiser; les hommes l'appellent « Boche », mais je préfère l'appeler « Daisy ».

J'ai oublié de remercier la bonne Lucie pour ses conserves dont nous nous sommes déjà régalés en partie. Merci de tout cœur, ma bonne vieille.

26 novembre 1914. — Par télégramme : « Pouvez risquer voyage, adressez-vous chez Weick, libraire, Saint-Dié. »

Le 30 novembre, M. et Mme Cornet-Auquier partirent pour Saint-Dié, où ils arrivèrent après un pénible voyage de 24 heures. Mais quelle joie, quand, sur le trottoir, devant la librairie Weick, ils aperçurent de loin la bonne figure de leur bien-aimé! Cette joie ne peut se décrire. On la devine.

Emmenés par leurs fils dans le village de La Voivre où cantonnait son bataillon, ils passèrent deux délicieuses journées avec lui, prenant leurs repas avec les officiers de la compagnie. Il les quitta le 3 décembre, une heure avant leur propre dépa t du village. Ils avaient prié ensemble, et, bien que chacun ait été aussi courageux que possible, on comprend combien fut émouvante la séparation. Les dernières paroles d'André Cornet-Auquier, en quittant ses parents furent :

« Je sens que Dieu est avec moi, et que jusqu'ici il a écarté les balles loin de moi. »

Dans une lettre qu'il leur écrivit, le soir de ce même jour, il leur disait :

Je suis bien courageux, mais j'aimerais tant vous avoir encore ! J'ai tant joui de votre présence, c'était si bon ! et tous, nous avons joui, et mes officiers étaient tous émus en vous quittant. Le bon gros Defert a dit à Farjat : « J'ai vite filé, parce que je sentais que ça me gagnait. » Vous vous rappelez en effet qu'il vous a vite serré la main et qu'il est parti précipitamment..... Dieu est bon ; je vous confie à Lui.

5 décembre. — Comme j'ai pensé à vous depuis que vous avez quitté La Voivre, et comme j'ai souhaité que votre voyage de retour s'accomplît dans de bonnes conditions ! Je crois malheureusement qu'il a dû faire assez froid dans la nuit, et j'espère de tout mon cœur que maman n'aura attrapé aucun mal. Mon cycliste a rapporté la pèlerine que Jacquier avait prêtée à maman. Vous aurez décidément vécu la vie militaire, puisque maman aura même été un peu habillée en officier.

Je m'imagine facilement votre retour, et je me fais une idée des conversations. Que de questions vous auront été posées ! Mais peut-être cela aura-t-il été inutile, car vous deviez vous-mêmes avoir hâte de raconter.

9 décembre. — Nous avons offert une croix à notre cher Commandant. Nous la lui avons remise dans l'intimité, et ce fut très touchant. Jacquier a chanté : « Brodons des étendards et préparons des armes », moi, j'ai récité : « Après la Bataille », mais en l'arrangeant à ma façon avec une parodie. Je crois que jamais je n'ai vu le commandant se tordre de la sorte. Il a dit : « Il y a des ressources à la 1ʳᵉ Compagnie. »

24 décembre. — Nous sommes toujours dans les montagnes et dans nos forêts de sapins. Nous manquons de confort, mais nous sommes de bonne composition, et nous prenons tout par le bon bout, et nous trouvons moyen de nous payer des tranches de rire, je ne vous dis que ça.

LE CAPITAINE CORNET-AUQUIER

DERRIÈRE UN PARAPET, REGARDANT AVEC UNE JUMELLE

LES POSITIONS ENNEMIES

TRANCHÉE BOISÉE EN FORÊT

Quand nous sommes accroupis dans notre ignoble trou, Farjat et moi, nous prononçons vingt fois par jour une phrase qui chaque fois nous fait tordre : « Si nos familles nous voyaient ! » Mais on en arrive à un endurcissement extraordinaire, et on peut nous voir en pantalon et en chemise nous laver dans le ruisseau — quand nous en avons le temps.

Dire que c'est Noël demain ! Je me méfie des Boches, et je m'attends pour minuit à un semblant d'attaque ; c'est un genre qu'ils avaient en 1870. Oui, paix sur la terre ! mais quand les Teutons seront abattus.

Dieu vous bénisse et vous garde ! Notre communion en Lui nous unit et nous rapproche.

26 décembre. — Noël est passé. Journée comme toutes celles que nous avons passées depuis notre arrivée. Farjat et moi avons bien essayé de réveillonner, mais je m'attendais à ce que les voisins d'en face nous jouent un sale tour et que, en guise de « Minuit Chrétiens », les brutes pour plaire à leur « Alter Gott » ne nous envoient une rafale soignée, aussi ai-je fait une ronde dans les tranchées, et les hommes ont-ils veillé, l'œil aux aguets, l'oreille tendue, les fusils dans les créneaux. Etait-ce là l'anniversaire de la nuit de Bethléem ?

Les Boches, de leur côté, se demandaient si nous n'attaquerions pas et leurs patrouilles rôdèrent toute la nuit sur la ligne de nos avant-postes, si bien qu'il y eut une fusillade presque ininterrompue pendant cette nuit de Noël.

Mais enfin on s'est tout de même un peu aperçu que c'était fête : d'abord, à force de se le répéter, on a fini par le croire et puis on se sentait plus seul et plus triste, plus loin des siens, plus altéré de vie de famille et de paix, mais aussi on se sentait mieux en communion avec les chers absents. J'ai lu le chapitre II de l'Evangile selon saint Luc, et vous l'avez assurément lu au temple. Il y a encore eu les lettres, et j'en ai reçu un tas... Enfin, il y a eu abondance de douceurs et de gâteries envoyées par des dames de Belley et de Bourg.

— Et le cher disparu énumère toutes ces douceurs et gâteries, puis il ajoute :

Mais je pense tout à coup que le jour de l'an n'est pas loin, et qu'il y a des vœux à faire. Des vœux ! Vous les connaissez. Les vôtres et les miens doivent se ressembler étrangement, et ce sont les mêmes depuis qu'a éclaté la guerre ; nous les avons exprimé dans nos secrètes prières. Dieu veuille les exaucer ! Je ne lui demande pour moi que le courage de me soumettre à sa volonté et, s'il permet que je sois tué à l'ennemi, je ne lui demande qu'une chose : une mort dans une victoire, à la tête de ma chère et belle compagnie.

1er et 6 janvier 1915. — ... Comme je voudrais vous voir faire d'avance le sacrifice de ma vie ! Comme je voudrais pouvoir me dire : « Eux au moins sont prêts, et, si ma mort leur est douloureuse, ils sont résignés, ils l'étaient d'avance. » Moi aussi, j'ai des moments d'impatience, moi aussi, quand je me sens si rempli de jeunesse et de force, quand je réfléchis à tout ce que j'ai abandonné de travaux, d'espérances, à tout cet avenir qui me souriait, je voudrais que ça soit fini. Mais je réfléchissais ce matin à ce qu'est la vie d'un individu auprès de la paix générale de toutes les nations de l'Europe : rien. Nous savons tous, nous qui nous battons, que demain ou après demain, il nous faudra probablement y passer ; eh bien ! à la grâce de Dieu. Lui qui tient dans ses mains nos destinées savait que tel ou tel événement se produirait ; si je meurs, c'est que telle est sa volonté, et si telle est sa volonté, c'est bien, il n'y a rien à regretter. Je ne vivrai et ne mourrai que par sa volonté. Ainsi ayez confiance et soyez calmes. Je lui demande tous les jours de me détacher de plus en plus des choses de ce monde. Oh ! je sais que c'est très dur, très difficile ; il y a la chair qui se révolte à l'idée de la mort. Mais enfin il y en a d'autres qui sont morts et qui étaient aimés de leurs parents, de leurs femmes, de leurs enfants. Ma pauvre petite mère, tu me trouves admirable ! Pourquoi ? Regarde combien privilégié j'ai été jusqu'ici, pense combien les autres ont souffert auprès de moi. Mon heure n'est peut-être pas venue ; elle viendra peut-être ; ma seule prière est qu'elle me trouve prêt. Je ne prie plus pour moi, je prie pour les autres, pour vous, pour toi surtout. Oh ! mais cette prière je la fais ardente, fervente, passionnée, et je demande à Dieu de vous rendre calmes et courageux quoi qu'il arrive. Je sentirais mes forces centuplées si je vous savais *joyeusement prêts.* Et puis surtout ne me regardez pas comme un héros, ni comme une merveille. Non. Qu'ai-je fait d'extraordinaire ? Rien. J'ai tâché de faire mon devoir comme tout le monde, et c'est tout.....

Combien j'ai été triste d'apprendre la mort du capitaine Braun ! Voilà une mort bien plus douloureuse que ne le serait la mienne... Nous sommes bien privilégiés, car je n'ai ni femme, ni enfants comme en ont F... et D..., et puis nous avons la certitude d'un revoir, au cas où il plairait à Dieu de nous séparer momentanément. Enfin, comme nous le disions avec le commandant Barberot, qui sort de chez moi, que

valent nos vies quand on pense aux années de bonheur et de
paix que vont vivre ceux qui viendront après nous ou qui res-
teront. Nous travaillons pour demain, pour qu'il n'y ait plus
de guerres, plus de sang versé, plus de tués, plus de blessés, plus de victimes mutilées, nous travaillons, nous dont
les mères auront tant pleuré, pour que d'autres mamans
ne connaissent jamais ces larmes brûlantes ; et vrai, quand on
pense aux siècles que durera cette paix, on a honte des mou-
vements de rébellion que peut avoir la chair à de certaines
heures à l'idée de mourir. Je ne demande qu'une grâce, si
cela devait m'arriver, c'est de mourir à la tête de ma compagnie, et sans m'en apercevoir, d'une balle en plein cœur.
Oh ! surtout pas la balle au ventre qui fait tordre de douleur
et mourir à petit feu. Quand on les entend siffler ces méchan-
tes mouches, on se dit : Passerai-je entre ? Si non, où va-t-elle
me toucher ? Si nous sortons de cette guerre, comme ce sera
bienfaisant de pouvoir se promener sur les routes sans avoir
à utiliser les talus ou les fossés pour se dissimuler !

Reçu vos lettres. Maman m'a fait tout particulièrement
plaisir, parce qu'elle me dit qu'elle m'encouragerait de la voix
si elle me voyait m'élancer au devant de l'ennemi. Voilà ce
que j'aime, et je me sens plus de courage depuis que j'ai lu
cette phrase. Voilà une vraie mère française.

14 janvier 1915. — ... Temps épouvantable, boue innom-
mable ! Ça ne facilite pas le travail, mais nous faisons contre
mauvaise fortune bon cœur, et la gaîté ne ralentit pas une
minute. Je vous ai dit que je mangeais maintenant avec le
commandant Barberot, et je vous assure que nous faisons de
bonnes parties de rire. Le commandant et moi sommes d'ailleurs les deux boute-en-train de la bande, et le capitaine Cornier, mon ami, avec qui je loge, fait les meilleurs jeux de
mots, avec un air de ne pas y toucher. C'est un homme exces-
sivement bien, très froid, très conciencieux, et avec qui j'ap-
prends beaucoup.

15 et 17 janvier. — ... Cette nuit, abondante chute de
neige. Quel spectacle grandiose ! Ces magnifiques sapins
lourds de neige étaient féeriques. Oh ! les beaux sous-bois !
J'ai pris 10 vues...

Ceux qui sortiront de cette guerre seront de rudes gail-
lards. Vous seriez-vous imaginé qu'on peut en arriver à faire
sa toilette dehors par ce temps-là, à vivre dans la boue, le
froid, la neige, les pieds jamais au sec, et ne pas même éter-
nuer ? Quel magnifique entraînement ! On se sent débordant

de vie et de santé. Quel coup de fourchette à l'heure des repas! Quelle cure contre la neurasthénie! Comme il fait bon vivre! Et dire que, d'une minute à l'autre, on peut être tué raide mort par une méchante petite balle! Quelle belle vie, mais quelle vie!

La tanière où je vis avec mon ami le capitaine Cornier est une vaste salle souterraine, pas bien haute de plafond et dont la porte d'entrée surtout est basse. Dans un coin, un petit poêle Godin! Nous nous chauffons au bois, qui ne manque pas; chaleur douce, moyenne 13°; dès qu'il y a 15 nous étouffons et on ouvre la porte toute grande — la porte, car il n'y a pas de fenêtre. — Eclairage par le pétrole au moyen d'une vieille lampe qui met de la bonne volonté à ne pas fumer; pour les recoins de la pièce, nous nous servons de nos lampes électriques de poche. Près du poêle, des rayons pour les provisions: pétrole, graisse à chaussures, cirage, brosses, ailleurs les provisions de bouche: thé, chocolat, CAKES! etc., etc. Notre table de toilette: une planche mal rabotée, avec un seau comme pot à eau, et un vieux saladier comme cuvette! une table, deux chaises, un tabouret. — Ce tabouret: 3 bouts de bois et un bout de planche cloué dessus; la planche est cassée et les pieds fichent le camp. C'est là-dessus que je m'assieds quand nous recevons le commandant, car il vient tous les deux jours prendre le thé avec nous, à 5 heures, un « five o'clock! » — Tous les jours d'ailleurs, au retour de notre travail, nous avons du thé! — Enfin, dans le fond de la pièce, nos lits: deux adorables lits jumeaux! Si l'on tombe la nuit, on ne tombe pas de haut; ils sont néanmoins surélevés, et on ne craint pas l'humidité. L'homme ingénieux qui les a faits a trouvé moyen de les doter d'un sommier métallique en fil de fer; c'est épatant. Pour draps: de la paille. Mes deux couvertures, ma capote, mon sac comme oreiller et ma toile de tente comme taie, et je dors merveilleusement.

J'ai fait un couplet sur le commandant; ça se chante sur l'air de: « Bois mystérieux et forêt profonde ». Le commandant s'est bidonné! Il veut que je le lui copie. J'ai fait ça en faisant ma tournée à travers nos positions. Je me propose de faire quelque chose d'analogue sur tous les officiers du bataillon.

Je vous serre sur mon cœur et vous embrasse tous à la ronde, en vous recommandant à Dieu. Sa bonté envers nous paraît impossible à mesurer. Pour ma part, je me borne à lui dire: « Que ta volonté soit faite! » car il sait tellement mieux que moi ce qui est mon bien, et l'espoir d'un revoir auprès de Lui est une telle consolation!

21 janvier. — ... A la chute de neige a succédé un froid très vif en sorte que la neige tient bon. C'est féerique de voir le soir la tête des grands sapins se dorer légèrement, même sous la douce lumière des étoiles, et l'on se demande pourquoi, quand la nature est si paisible, les hommes se font la guerre. Notre état sanitaire est excellent, rien de plus naturel avec la vie que nous menons qui ressemble un peu pour l'instant à celle des explorateurs du pôle, plutôt qu'à celle des soldats de l'An II.

26 janvier. — L'autre jour, nous avons découvert, dans les ruines d'une ferme brûlée et abandonnée, un vieux haut-de-forme, mode 1830, et dans quel état ! Je m'en suis affublé, et j'ai fait l'ourvier anglais endimanché et soûl ! Je crois que jamais je ne les ai fait autant rigoler. Le commandant et le capitaine Cornier en étaient réellement malades. Je faisais semblant de ne plus pouvoir même allumer une cigarette, et j'ai usé ainsi la moitié d'une boîte de tisons d'un copain. La conversation avait lieu moitié en français parlé comme un Anglais le parle, et il fallait les entendre. Le commandant a dit qu'il n'a jamais autant ri que depuis le début de la campagne. Vous voyez que pour le moment du moins nous ne sommes pas à plaindre.

29 janvier. — ... Le régiment est en deuil depuis avant-hier. Notre cher colonel a été tué dans un violent engagement partiel auquel notre bataillon n'a pas pris part. Nous en sommes tous malades et nos rires sont finis. C'était un chef dans toute l'acception du mot, et un homme de cœur. Tous nous avions confiance en lui. Il était la prudence et le courage même. Il est mort en entraînant deux bataillons à l'assaut. Ce n'était pas sa place, mais il est tout entier dans cet acte. Il savait que ce serait dur et que les hommes plieraient peut-être, et il s'est mis à leur tête pour donner l'exemple...

3 février. — On a fini par avoir le corps du colonel qui se trouvait à 5 mètres des tranchées allemandes. Après plusieurs tentatives vaines, un soldat se fit revêtir d'un drap blanc, afin d'être moins visible sur la neige, au clair de lune, et par un froid épouvantable il rampa doucement jusqu'au corps qui adhérait fortement au sol, en raison des gelées. Il attacha un fort lien au corps, mais la neige gelée craqua, et les Boches entendirent le bruit et se mirent à tirer. Heureusement, ils ne purent distinguer la silhouette du soldat à cause du drap blanc, si bien que, malgré la fusillade qui fut dirigée sur lui, il échappa et put rentrer dans nos lignes. Quand le feu eut cessé, il retourna vers le corps, et réussit cette fois à le ramener. Il avait pris la précaution de se faire attacher lui-même pour pouvoir être tiré vers nos tranchées, au cas où il serait blessé. Il a été nommé caporal séance tenante, et il recevra la médaille militaire et la croix de guerre avec palme.

Du même jour. — Je rentre de l'enterrement du colonel. J'ai rarement assisté à une cérémonie plus impressionnante; cette petite église de village remplie d'officiers et de soldats en tenue de campagne, ces chants merveilleux exécutés par un chœur de troupiers, ces soli par un ténor de l'opéra de Lyon, et, au cimetière, notre drapeau avec son voile de crêpe, et la croix tout à côté! Jamais je n'ai été aussi ému. Plus de différences, plus de diversité d'opinions autour de ces deux emblèmes symbolisant les deux idées pour lesquelles nous nous battons: Dieu et la Patrie...

Le ténor, en uniforme, a chanté le « Requiem » et le « Dies iræ ». Un Christ expirant sur le Calvaire ouvrait ses bras au-dessus de ces soldats qui avaient le revolver au côté, et dans le lointain on entendait des coups de fusils! Que de contrastes et quelle grandeur!... On ne pouvait croire que dans ce cercueil dormait le chef aimé que nous aurions suivi n'importe où.

Le commandant nous avait désignés, le capitaine Cornier et moi, pour assister aux obsèques, parce que « c'est vous deux qu'il aimait le mieux », nous a-t-il dit. J'ai pleuré comme un gosse, et ça m'a fait du bien. Pauvre cher colonel! Le général qui a prononcé le discours n'a pas caché ses convictions; il a dit: « Mon cher ami Dayet, nous avions les mêmes espérances, et c'est là notre consolation dans notre douleur; nous savons qu'un jour nous nous retrouverons dans la patrie céleste. Nous demandons à Dieu de se tenir auprès de votre veuve et de vos enfants. »

5 février 1915. — Hier après-midi, j'ai grimpé à 872 mètres, pour examiner de là l'ensemble des positions ennemies sur un front de 8 kilomètres. Vous ne pouvez vous imaginer la beauté du panorama. C'était merveilleux; les montagnes d'Alsace, les vallées, les bois, tout cela encore recouvert de neige, en grande partie, baigné de soleil, semblant respirer la paix, et au milieu de ce spectacle grandiose, de petites fourmis humaines tirant le canon ou le fusil, bardant de fil de fer ces forêts paisibles. Quelle brute que l'homme! Sales Boches!

Nous étions près de la frontière, mais à nos pieds était un

village français encore occupé par l'ennemi, où l'on voyait circuler des civils. Quelle impression étrange ne doit pas être celle de ces gens qui, regardant les pentes des montagnes où nous sommes, se disent : « Ils sont là, et nous, nous sommes en Bocheland ! »

18 février. — (D'une tranchée occupée en partie par l'ennemi, et à six mètres de ce dernier.) — ... Mes hommes sont absolument épatants d'entrain, de bonne volonté et de courage. Ils sont décidés, si l'ennemi attaque, à ne pas le laisser passer. L'autre jour, pendant un bombardement de 26 heures, j'étais convaincu que nous allions être attaqués. Je dis à mes hommes : « Je compte sur vous, les enfants. Le mot d'ordre est de mourir sur place plutôt que de céder un pouce de terrain. Au cas où je serais tué, pas de panique, pas d'affolement, continuez à tenir sans moi comme avec moi. Je ne vous demande qu'une chose : Si je suis blessé, et si les Boches avancent, je demande à deux types de m'emporter pour que je ne tombe pas aux mains de l'ennemi. » Les hommes ont répondu : « Soyez tranquille, mon lieutenant, on fera son devoir, qu'ils viennent seulement, on les attend ! »

23 février. — ... Le général de brigade est venu inspecter la position et il a été très content de ce que nous avons fait.

Pour vous donner une idée du moral de mes poilus, je vous copie cette annonce qu'ils ont collée dans ma tranchée :

Grand Hôtel des Tranchées et Boyau's Hôtel Réunis

Messieurs les voyageurs sont priés :

1. De ne pas se pencher aux fenêtres de crainte du vertige. — (or la tranchée est complètement enterrée et les créneaux sont à ras du sol).

2. De s'abstenir de toutes relations avec la concurrence d'en face, la Direction ne répondant pas des accidents pouvant en résulter.

3. De n'utiliser que l'espace en face de leur propre créneau, afin de ne pas gêner leurs voisins de chambre.

4. De ne pas abuser de l'éclairage, bien qu'il ne soit pas compté sur la note. — (or il n'y a pas même une seule bougie la nuit.)

5. D'éviter autant que possible de mettre les sacs à terre dans leurs poches, en partant.

Nota. — La Direction regrette de ne pouvoir accepter MM. les voyageurs pour plus de 24 heures consécutives. (Le service étant très pénible dans ce coin-là, je fais relever la section toutes les 24 heures).

Il est inutile de déposer les chaussures à la porte avant la relève, la femme de chambre ne pouvant assurer le service avant 8 heures du matin.

Pour consulter le menu auquel il ne pourra être fait aucune dérogation, s'adresser aux cuisines, à La Fontenelle. — Il ne sera perçu aucun supplément sur le prix des chambres pour MM. les voyageurs ne prenant pas leurs repas à l'hôtel.

La Direction est absolument de fer (1) pour l'application des mesures ci-dessus.

Pas mal n'est-ce pas? Et vous voyez que la proximité des Boches n'empêche pas l'esprit et l'entrain. Je suis sûr que chez les voisins d'en face on ne s'amuse pas autant.

24 février 1915. — Mes chéris, merci à vous tous pour vos bonnes lettres et pour les courageuses paroles qu'elles contiennent. Je suis heureux que vous preniez en vrais Français la situation telle qu'elle est, avec ses périls, ses risques, ses dangers de toutes natures. Vous ne vous trompez pas quand vous dites que vous savez que je ferai mon devoir. Soyez tranquilles à ce sujet; et il me semble que, si j'étais père, ce serait pour moi une consolation immense, un privilège et un honneur que de pouvoir me dire, si j'apprenais la mort de mon fils : « Il est mort à son poste, pour le pays. »

Assurément, il y a des heures où l'on voudrait vivre, avoir des enfants, les élever dans la voie de l'honneur, en faire des hommes et profiter, pour faire leur éducation, de toutes les expériences acquises. Mais personne n'est nécessaire et indispensable en ce monde.

25 février. — Hier, j'arrive chez le commandant que la situation tracasse et qui se fait du souci; au bout de cinq minutes, je l'avais déridé. — « Ah! vous avez bien fait de venir, vous me remontez! »

J'ai donné, le soir, à mes camarades, une séance représentant mon arrivée chez les Boches, au cas où je serais fait prisonnier; mon interrogatoire par un officier allemand : questions et réponses. Je faisais l'idiot. Ils se roulaient tous. — Je crois que, si je n'étais pas là, ils ne rigoleraient plus au bataillon; je les remonte tous. Et je vous assure qu'il y a des heures où l'on n'a pas trop de toute son énergie pour se

---

(1) Un des sous-lieutenants s'appelle Defert.

remonter soi-même. Mais rien que de savoir que les hommes ont confiance en vous, suffit à vous donner du courage.

2 mars. — ... J'ai fait, cette nuit, étant de garde aux tranchées, une parodie de *Mignon*. Le commandant l'a immédiatement réclamée :

— Quel âge as-tu?

> — Les prés ont reverdi, les fleurs se sont fanées.
> Et je viens du Kaiser combattre les armées.

— Quel est ton nom?

> — Ils m'appellent Hector
> Et puis André encor.

— Quels pays lointains as-tu traversés pour venir jusqu'ici? Vers quelles contrées lointaines as-tu porté tes pas?

> — Connais-tu le plateau de pierre et de rocher,
> Le plateau des pruneaux, des grenades vermeilles,
> Où tombent des marmites qui n'ont rien de léger,
> Où la balle bourdonne, ainsi que des abeilles,
> Où fait rage toujours, comme un don de Satan,
> Un éternel hiver sous un ciel terrifiant?
> Hélas! que ne puis-je m'enfuir
> De ce secteur affreux où Bulot (1) m'exila.....
>   C'est là...
> C'est là qu'il me faudra vivre
> Sécher, peut-être mourir...
>   etc...

> Connais-tu la tranchée où veillent nos soldats,
> Et le bois de fayards où, lorsque la nuit tombe,
> Le Bavarois nous guette en se terrant bien bas?
> Et la sape Dumont, où vient valser la bombe,
> Et, s'envolant au ciel, pareils à des oiseaux,
> Les gros minenwerfers qui nous brisent les os...
> C'est là.,. etc...

Vous pouvez constater que le moral n'est pas mauvais puisqu'on fait des vers.

8 mars. — ... J'ai une grosse nouvelle à vous annoncer! Gare! J'ai fait ma demande de passage dans l'armée active... Si Dieu me prête vie, et avec sa grâce, j'aurai une œuvre presque plus belle à faire dans l'armée, comme éducateur, que dans l'enseignement. C'est peut-être de la présomption, mais

---

(1) Nom du général de brigade.

on se sent nécessaire. Quand on a fréquenté notre admirable troupier et que l'on connaît ses splendides qualités, mais aussi ses lamentables défauts, dont l'insouciance est l'un des pires, on voudrait essayer de travailler à former quelques générations d'hommes comme la France en a besoin, d'hommes ayant du caractère, de la méthode, de la prévoyance. Le rôle moral de l'officier est plus grand que celui du professeur. Je puis vous dire sans vantardise que ma compagnie est transformée depuis que je l'ai prise. Mes hommes sont beaucoup plus disciplinés, et ils ont meilleure tenue. Mes élèves m'aimaient beaucoup, je le sais, mais j'aime mieux la confiance affectueuse de mes vieux grognards que j'engu... sans mettre de gants, mais qui comptent sur moi. Quand je leur dis : « Les enfants, faudra en mettre un coup aujourd'hui » ; ou bien : « Les gosses, je compte sur vous », et qu'ils me répondent : « Soyez tranquille, mon lieutenant, on fera son devoir », j'éprouve une satisfaction morale inexprimable.

André Cornet-Auquier, attendait près d'un an sa confirmation comme officier d'active. Il venait d'être nommé à ce titre lorsqu'il fut frappé à mort. Lors de sa dernière permisssion il nous disait :

« Après la guerre, je m'attacherai à faire de mes soldats des hommes comme la France en a besoin, des hommes de caractère, disciplinés, sachant se dominer et se conduire. Il faut que ceux qui survivront profitent des fautes commises et des expériences faites. »

4 et 17 avril 1915. — Eh bien ! savez-vous que, pour une semaine sainte, j'ai sauvé une âme, ou tout au moins empêché une âme de se perdre. Et, chose curieuse, ironie des champs de bataille, hasard de la vie de soldat, une âme de jeune fille ! Une histoire navrante : le père et la mère morts, le premier après avoir ruiné tout le monde ; quatre enfants : un frère tué à la guerre, un qui se meurt d'une blessure, une sœur mariée qui fait la vie pendant que son mari se bat ! Elle, enfin, la plus jeune, 20 ans à peine. Une volonté de fer, une moralité irréprochable, luttant contre le milieu, mais redoutant les embûches, ne sachant plus à qui s'adresser, jolie avec cela... « Je savais que vous n'êtes pas comme les autres, m'a-t-elle dit, voulez-vous me conseiller, m'aider ? Je n'ai plus personne, mon dernier frère se meurt, et je suis sans action sur ma sœur. » — Je lui ai répondu que je la conseillerais volontiers, si elle était décidée à ne jamais suivre l'exemple de sa sœur...

Quelle intuition a conduit vers moi cette jeune fille ? A-t-elle lu sur ma figure que moi je ne lui voudrais pas de mal ? Mystère ! Mais c'est à la fois effrayant et sublime pour un jeune officier de prendre ainsi charge d'âme. Pauvre petite créature abandonnée ! Quelle vie que la sienne ! Il faut voir et entendre cela de près, les larmes et les sanglots de cette enfant de 20 ans à peine, implorant sa mère morte ; toujours cette phrase : « Si maman me voyait, si maman était là ! » J'ai été avec elle à l'hôpital voir son frère qui se meurt lentement, et au cimetière, sur la tombe de sa mère ; et là elle m'a juré de continuer à se bien conduire. Mais elle en a assez et voudrait changer d'atmosphère, respirer un air pur ; elle m'a dit : « J'ai tant besoin de paix ! » — Ici tous sont aimables et très corrects avec elle. Le commandant Barberot et le capitaine Cornier sont émus par tant de misères.

21 avril (à sa mère). — ... Je ne dois être dominé que par une idée : la Patrie ! Or la Patrie, qu'est-ce sinon tout ce qui nous est cher, tout ce à quoi nous tenons le plus ? Toi, c'est la patrie ; papa, c'est la patrie ; mes braves petites sœurs, c'est la patrie ; les chers coins où l'on a aimé et souffert, c'est la patrie... cette pauvre petite âme abandonnée que je viens d'arracher à la gueule du loup, par un miracle, c'est la patrie ; toutes ces jeunes filles des Vosges, aux regards bleus, qui nous saluent d'un sourire, quand nous passons harassés sur les routes, c'est la patrie. Qu'est-ce que ce mot Patrie ? Qu'y a-t-il dans ce mot ? Rien, si derrière lui ne viennent pas se presser en foule les images bénies et les visages aimés... Nous ne mourons pas pour des abstractions vagues et pour des mots vides de sens, nous mourons pour des sentiments, nous mourons par amour, par affection, par tendresse. Je laisse donc mon cœur puiser où il le doit les grandes énergies et les purs héroïsmes. Il est libre d'entraves, mais il est fort de toutes les affections qu'il contient.

4 et 8 mai. — Le soir où nous avons appris la perte du *Léon-Gambetta*, les Boches d'en face ont chanté des psaumes en signe de joie.

... Il fallait être aveugle pour ne pas voir que l'Allemagne préparait une agression. En fait, elle la prépare depuis Iéna, en 1806, et 1870 n'a été qu'un premier effort. Le rêve allemand a été depuis lors de fonder un vaste empire germain de l'Europe centrale, et de donner à un Hohnzollern l'empire de Charlemagne.

15 mai. — Huit poilus de ma compagnie ont tenu en échec, cette nuit, de 80 à 100 Boches qui, armés de bombes, grenades, fusils, revolvers, haches, venaient tenter un coup de main

contre un de nos postes avancés. Après une demi-heure de
combat, l'ennemi ahuri par le bruit fait par nous, aveuglé par
mon projecteur, a battu en retraite. Un de mes hommes,
blessé à la main et à la cuisse, a continué à lancer des grenades jusqu'à ce qu'il perde connaissance. Le chef de poste, un
sergent, a été épatant de sang-froid, lançant lui aussi ses grenades sous une pluie de balles! Le commandant Barberot a
adressé aux compagnies de son bataillon cet ordre du jour:
« Vive la 1re compagnie! »

23 mai 1915 (à sa mère). — Ma bien chère petite maman...
j'ai reçu aujourd'hui trois lettres de toi, et des roses, des
roses de Chalon, qui sont arrivées effeuillées, sauf les deux
blanches qui s'étaient conservées fraîches sous tes baisers.
J'ai ramassé les pétales embaumés des roses rouges et je les
ai mis sur de l'eau, dans un bol d'où ils embaument. Je suis
heureux pour toi, maman chérie, que tu aies Marguerite
auprès de toi, pour quelques jours ; cela m'est un réconfort
de le savoir. Je te sens entourée de soins tendres et éclairés,
et cela me tranquillise.

Le temps est idéalement beau et chaud. Je crois vous avoir
écrit que j'avais fait installer une piscine près de mon poste
de commandement. Par une ingénieuse canalisation, on y
amène l'eau d'un ruisseau, on laisse l'eau chauffer au soleil,
et les hommes peuvent ainsi se baigner. Cette innovation nous
a naturellement beaucoup amusés. C'était nouveau! Et puis
c'était de l'eau, et l'eau c'est très amusant pour de grands
gosses, même quand ils sont sous-lieutenants, voire même
lieutenants commandants de compagnie. Nous avons surtout
découvert une pompe à incendie tout à fait mignonne, et nous
n'avons naturellement pas manqué de nous en servir pour
nous arroser copieusement les uns les autres.

Nous nous nourrissons fort bien, et nous sommes enchan-
tés de notre cuisinier. C'est toujours le même brave cycliste
Mornieux qui nous sert. Nous lui en faisons voir de toutes les
couleurs à ce bon type, et nous n'avons jamais réussi à le faire
fâcher, malgré nos taquineries.

En ce merveilleux dimanche de Pentecôte, je demande à
Dieu de faire descendre sur vous tous, sur tous ceux que
j'aime, ses plus précieuses bénédictions.

25 mai. — Hier, à 5 heures précises, pour célébrer l'entrée
de l'Italie dans la coalition, rafales d'artillerie sur les Boches
qui ont dû se demander si nous ne devenions pas subitement
fous, car, en même temps, clairons et tambours sonnaient et
battaient la charge, et la musique du régiment jouait la *Mar-*

seillaise dans mes tranchées. Un de mes officiers m'a dit que
pendant l'exécution j'étais tout pâle ! Le fait est que ça m'a
remué.

30 mai. — J'ai été voir, hier soir, le commandant Barberot, et j'ai beaucoup joui de cette promenade au clair de lune.
Il faisait une température idéale, les oiseaux de nuit lançaient
de temps à autre leur cri étrange. Par intermittence, on entendait des coups de feu, et le grondement sourd du canon dans
le lointain, en Alsace. A l'aube, le brouillard se traînait dans
les bas-fonds, laissant passer une lumière tamisée. Il n'y a
rien de plus beau que les sapins sous leurs jeunes pousses vert-
tendre tranchant sur le vert-noir, et donnant à l'ensemble
l'air velouté le plus délicieux.

L'autre jour, j'ai trouvé, dans une maison abandonnée sur
la ligne de feu, deux amours de petits chats dont la mère avait
été tuée. Ils étaient maigres et pouvaient à peine marcher.
J'ai recueilli ces orphelins, je les nourris au lait ; ils sont à
croquer. Je les ai amenés ici dans une musette, l'un d'eux a
fait son entrée en tête de la compagnie sur les épaules d'un
de mes agents de liaison.

... Le commandant Barberot me propose pour une citation
à l'ordre de la Division, pour les services rendus, depuis 8
mois, comme commandant de compagnie. J'en suis tombé des
nues. Je lui ai dit que je n'avais fait aucune action d'éclat,
et que je ne voulais pas être cité. Il m'a répondu : « Quand
une compagnie a la valeur morale et le courage de la vôtre,
elle le doit à son chef, par conséquent... Et puis d'ailleurs
c'est mon affaire. » — Je n'ai pas insisté. Vous me voyez
avec la Croix de guerre !

André Cornet-Auquier devait mériter, peu après, par son héroïsme, une citation plus haute. Celle à l'ordre de la Division fut
remplacée par sa promotion au grade de capitaine.

31 mai. — Mes chéris, votre fils est capitaine !

Le cher disparu rapporte ici de quelle manière touchante son
commandant lui annonça la chose, et les félicitations qu'il reçut
de son colonel, de ses généraux de brigade et de division, et de
ses subordonnés, puis il ajoute :

Et voilà ! Dans le monde moral et du cœur, ça se traduit
par une joie profonde surtout pour ma petite mère et pour
papa. Je sais que vous irez de votre petite larme, quand la
dépêche vous parviendra. Ça se traduit aussi par un ardent
désir de me rendre digne de ce titre qui veut dire : « Celui qui
est à la tête. »

4 juin. — Mes chéris, les grosses nouvelles se succèdent : nous quittons ces régions où nous luttons depuis 6 mois, pour aller vers d'autres lieux qui nous ont déjà vus d'ailleurs. Nous partons dans 2 heures pour l'Alsace ! Je vous demande d'accepter cette nouvelle, et d'envisager la perspective des périls que je vais courir, avec le calme des vieilles troupes, et une entière confiance en Dieu. Il peut me protéger là-bas comme il l'a fait ici, et dussé-je payer de ma vie ma dette envers le pays, c'est Lui qui l'aura permis, par conséquent ce sera *bien*. Je veux vous sentir chrétiennement prêts à tout. Je regrette cette région de Saint-Dié où j'ai passé de belles heures. On s'attache aux lieux même où l'on a le plus souffert. — La pauvre Marguerite, qui comptait venir me voir ici dimanche, aura une grosse déception. Qui sait ? Je la retrouverai peut-être en Alsace. Ce serait plus chic encore. — Je vous embrasse bien tendrement et vous recommande au Père céleste ; Il est tout-puissant, et rien ne nous arrivera sans sa volonté. Qu'elle soit faite ! Votre grand Capitaine, ANDRÉ.

5 juin. — ... J'ai reçu hier vos bonnes lettres où vous m'exprimez votre joie de ma promotion. Je savais bien que la petite scène se passerait à peu près comme vous me la décrivez. Je me doutais bien que papa éprouverait là une des plus grandes joies qu'on puisse éprouver dans les circonstances actuelles. Je vous assure que si j'ai été heureux pour moi, je l'ai surtout été pour vous.

6 juin. — Ce matin, aux petites heures, j'ai toussoté pendant une minute ; mon brave cuisinier m'a entendu, et, croyant que j'avais pris froid, s'est levé et est allé faire du café, parce que :« Si le capitaine a pris froid, il faut lui donner du chaud. »
Je vous serre sur mon cœur et vous embrasse bien tendrement en vous recommandant à Dieu qui fait sentir sa présence partout. Votre grand fieu.

11 juin 1915. — ... Nous sommes à 40 ou 50 mètres de la ligne ennemie. L'heure approche où nous bondirons hors de nos tranchées pour sauter à la baïonnette sur l'adversaire. Je vous demande d'être calmes et confiants comme je le suis moi-même. Remettez avec une parfaite sérénité notre cause à Dieu. Je n'aurai pas de plus grand soutien et de plus grande force au moment de m'élancer à la tête de mes hommes que de sentir, que d'avoir la conviction absolue que j'ai obtenu de vous cet état d'esprit seul digne de chrétiens et de Français. De vous savoir prêts à tous les sacrifices joyeusement consentis, sera pour moi le plus sûr moyen de faire jusqu'au bout tout mon devoir de chef. Dieu m'a si merveilleusement protégé jusqu'ici, qu'il faut avoir confiance qu'il le fera encore dans des circonstances infiniment plus pénibles, et au milieu de dangers mille fois plus grands. Quelle reconnaissance je lui dois pour m'avoir amené ainsi jusqu'à ce jour, alors que tant d'autres sont tombés déjà, et comme je voudrais pouvoir être plus digne de tant de bienfaits ! — Si sa volonté, sans laquelle rien ne m'arrivera, était que je tombe sur le champ de bataille, ne cessez pas de le bénir ; Il travaille pour notre bien. Et puis, ne soyons pas des gens sans espoir ; si ce n'est pas pour ici-bas, c'est pour là-haut et pour toujours. Je ne voudrais pas que la si forte affection qui nous unit les uns aux autres dans la famille, soit pour moi, au moment où il faudra repousser l'ennemi, une source de faiblesse et d'amollissement ; je veux qu'elle soit une cuirasse qui me rende plus fort contre le danger. J'ai toujours voulu être brave ; il faut que vous m'y aidiez. — Vous vous êtes réjouis avec moi de ma promotion ; je m'en suis surtout réjoui pour vous. Cet honneur qui m'a été fait entraîne des devoirs que je veux accomplir sans fléchir. Je prie Dieu de m'y aider : faites de même. Je vous serre sur mon cœur avec toute mon affection filiale et fraternelle, et je vous embrasse bien tendrement en vous recommandant au Père céleste. ANDRÉ.

14 juin. — ... Je vois avec plaisir que vous acceptez, avec le vrai stoïcisme chrétien et français, les perspectives qui s'ouvrent devant moi. Cela m'est un précieux réconfort, et je vous remercie de me l'avoir donné avant l'heure de l'attaque qui va bientôt sonner. Nous devons vaincre et nous vaincrons. Tout est admirablement préparé, et nous sommes cette fois au moins égaux aux Allemands... Et maintenant, au revoir, Dieu vous bénisse et vous garde. Soyez forts de sa force...

15 juin (une heure avant l'attaque). — ... Le canon fait rage, la bataille commence. En avant, à la victoire ! Dieu vous garde et vous comble de ses bénédictions !

16 juin 1915 (lendemain du combat de Metzeral). — Mes chéris, très gros succès pour le bataillon ! Un assaut impressionnant ; près de 300 prisonniers et du matériel. Nos pertes sont légères mais certaines sont très douloureuses. Le commandant est indemne. J'étais compagnie de tête d'attaque. En moins d'un quart d'heure nous avons enlevé trois lignes de tranchées ennemies. Au moment où j'ai eu la sensation de la victoire, j'ai pleuré : détente nerveuse. Je disais tout haut : « Maman ! Maman ! Vive la France ! la Victoire ! » et ne trouvant personne à embrasser, j'ai sauté au cou de mon brave petit adjudant, et je l'ai embrassé comme du bon pain. Nous étions ignobles de crasse, de poussière, de poudre, mais crasse glorieuse! Tout sale encore, à ne pas être touché avec des pincettes, et avec une barbe de dix jours, je vous embrasse à pleine bouche.

J'ai pris beaucoup de butin; un lieutenant boche est venu se rendre à moi. Le colonel m'a dit : « Capitaine Cornet, je viens vous apporter les félicitations et les remerciements du général commandant l'armée. » — Dieu m'a merveilleusement protégé; qu'Il soit loué!

17 et 18 juin. — Tout va bien. La victoire est complète; les Boches refoulés de partout battent en retraite, mettant le feu partout. Le général de division vient à l'instant de me serrer la main et de me féliciter.

... Quelle sensation que celle de la victoire! Ce terrain conquis, la poursuite de l'ennemi qui ne demande qu'à se rendre, et puis la joie presque enfantine qu'on éprouve d'avoir échappé à la mort!...

Il y a eu deux phases dans cette attaque : une magistrale préparation d'artillerie qui, trois heures et demie durant, a fait pleuvoir sur l'adversaire plus de 5.000 projectiles; puis, pendant les dernières rafales de nos canons, alors que nos 75 sifflaient, rasant presque nos têtes, une charge épique de tout un bataillon en trois vagues successives, une charge qui, nous l'avons su depuis, a arraché des applaudissements à ceux qui de leurs observatoires assistaient à la scène. Imaginez-vous un volcan, des nuages de fumée, un vacarme assourdissant, au milieu duquel on perçoit la charge sonnée par les clairons du bataillon, mais couvrant le tout, ces cris répétés par mille hommes : « En avant! En avant! » Un soleil d'or qui faisait scintiller les baïonnettes, et puis la ruée sur l'ennemi, le cou tendu, la bouche comme contractée par un rire sauvage et les cris de joie féroce en voyant la bête fuir. A droite et à gauche, résistance qui faiblit... puis, tout à coup 296 Allemands dont 8 officiers qui se constituent prisonniers. Les Allemands paraissent tout heureux de se rendre... Ceux qui baragouinent le français nous disent : « Vous, bons kamerades! »

Nous participons demain à une nouvelle opération... Mais sachez que le jour où nous nous ferons massacrer, c'est que cela sera indispensable au salut du pays. Or nous sommes à la disposition du pays. Ayez toujours plus confiance en Dieu. Oh! quelle belle chose que le détachement chrétien des choses de ce monde!

20 juin. — ... Nous partons pour une région encore plus proche que celle-ci de l'Hôpital mobile alsacien. Il n'y aurait rien de surprenant à ce que je puisse voir Marguerite ce soir ou demain ! Qu'en dites-vous ? Cette rencontre en terre reconquise ne serait-elle pas plus belle qu'au repos si, comme je le souhaite de tout cœur, elle était possible ? — Je vois l'étonnement de Marguerite quand elle me verra. En tout cas, il est maintenant à peu près certain que, si j'étais blessé, je serais transporté à son hôpital. Je trouve cette perspective tellement rassurante et réconfortante !

21 juin. — Ce matin a eu lieu une bien touchante cérémonie : le commandant Barberot m'a remis, devant ma compagnie, la Croix de guerre avec palme. Il a adressé quelques paroles à mes hommes, et a lu le texte de ma citation à l'ordre de l'armée. Il a terminé en disant : « C'est pourquoi je suis heureux d'épingler la Croix de guerre sur la poitrine de mon ami le capitaine Cornet-Auquier. » Ce mot « ami » m'a fait un plaisir immense. Puis il m'a embrassé sur les deux joues. Le colonel en a fait autant. Et voilà la médaille de bronze en forme de croix, signe de foi et d'espérance, sur ma capote, avec le beau ruban moiré vert foncé à raies rouges. — Vous étiez présents à la cérémonie, je vous assure... Pour le reste, attendons avec confiance les événements. Dieu veuille, cela suffit.

Le commandant Barberot, qui fut tué au Linge, le 4 août 1915, était un officier d'une valeur tout à fait exceptionnelle, non seulement comme tacticien, mais comme courage et entraîneur d'hommes, et il avait puissamment contribué à la victoire de Metzeral. Le général de Maud'huy, commandant la 7e armée, avait détaché sa propre Croix de guerre pour l'en décorer, sur le champ même de bataille, le 16 juin. Son bataillon, dénommé par les officiers, depuis sa mort : « Le bataillon Barberot », avait lui-même été, ainsi que le deuxième bataillon du 133e, l'objet de la citation suivante à l'ordre de l'armée :

« Ont fait preuve d'une incomparable vaillance et d'une énergie au-dessus de tout éloge en enlevant une position très solidement organisée dans laquelle l'ennemi se considérait comme inexpugnable, d'après les déclarations mêmes des officiers prisonniers. Lui ont fait subir des pertes considérables, et malgré un bombardement des plus violents, n'ont cessé de progresser pendant plusieurs journées consécutives pour élargir leur conquête. »

Autre lettre du 21 juin. — ... Nous sommes venus camper juste au-dessus du village où se trouve Marguerite. Il est là à mes pieds ; j'ai pu envoyer un message oral à ma sœur, par le lieutenant Guillemin que papa connaît. Nous avons traversé, pour venir ici, les plus jolis coins que vous puissiez imaginer, de vrais itinéraires pour voyages de noces.

Le commandant et moi ne nous quittons guère ; la mort de notre excellent ami, le capitaine Cornier, nous a encore rapprochés ; nous avons partagé la même chambre, la même botte de paille, le même morceau de fromage, le même croûton de pain.

23 *juin.* — ... La bataille est terminée, pour le moment du moins, et nous avons notablement progressé. — Les prisonniers allemands avouent des pertes énormes ; ils paraissent tout heureux de s'être rendus, mais ils ont eu d'abord une peur terrible d'être fusillés. Leurs officiers, nous disent-ils, leur racontent que nous tuons nos prisonniers et qu'ainsi ils ont intérêt à se battre jusqu'au dernier. Nous leur prouvons le contraire en étant aussi bons que possible avec eux. Le commandant et moi leur avons donné du tabac et des cigarettes. On peut haïr la nation et ses chefs, mais ces soldats, pris individuellement, n'ont fait qu'obéir. Des êtres qui au contraire ne savent inspirer aucune pitié, ce sont les officiers ; la plupart sont arrogants à gifler (1).

25 *juin.* — ... J'ai vu Marguerite !... A l'entrée du village de Krüth, un groupe de coiffes blanches nous attendait : Marguerite et ses collègues ! Elle s'est précipitée vers moi les bras tendus, battant des mains, absolument pâle. J'ai alors sauté de cheval, et vous jugez de l'embrassade ! Peu après, le bataillon arrive, ces dames s'en vont au centre du village pour assister au défilé... La population civile et militaire nous a fait un accueil enthousiaste. La musique joue : « Vous n'aurez pas l'Alsace et la Lorraine, et malgré vous nous resterons Français. » Nous arrivons à hauteur du groupe des nurses ; elles applaudissent à tout rompre, crient : « Bravo ! Vive la première compagnie ! » — Je crois que je leur ai fait alors le plus beau salut du sabre que j'aie jamais réussi de ma vie.

Le défilé terminé, je suis emmené à l'hôpital où je rencontre la marquise de Loys-Chandieu. Ces dames se mettent en quatre pour nous servir, au commandant et à moi, un souper

------

(1) La sœur d'André Cornet-Auquier, qui eut l'occasion de voir de près les officiers allemands pendant son séjour à l'Ambulance du Palais royal, à Bruxelles, a souvent dit qu'il n'y a pas de mots pour qualifier l'arrogance et la brutalité de ces échantillons du militarisme et de la « Kultur » germaniques.

fait de toutes sortes de choses. Ces dames et jeunes filles faisaient cercle autour de nous qui, sales, crottés, ignobles, avions pour ces femmes fraîches, jeunes, propres, qui sentent bon le savon et le désinfectant, le charme d'être des guerriers nature, de sentir la tranchée et la fumée, la boue et la poudre. Elles sont ravies, on sent qu'elles jouissent de nous voir de tout près, d'entendre de notre bouche le récit de nos exploits, de nous entendre parler de charge, d'assaut à la baïonnette, d'obus qui éclatent. Nous sommes les premiers qu'elles voient revenir du front, après s'être réellement battus, nous respirons la bataille, elles jubilent. Le commandant est en forme, il raconte ses histoires avec une verve inouïe, qui arrache des éclats de rire si frais, si gais! C'est délicieux.

Au milieu de tout cela, Marguerite près de moi, gaie et grave, souriante mais encore émue, avec son air de sainte et ses grands yeux... Je reste avec elle jusqu'à 11 heures, puis vais me reposer.

Le régiment part le lendemain à 4 h. 30. — A 4 heures, Marguerite est debout, mais, comme nous partons en auto, le commandant me dit de monter avec lui; nous partirons plus tard et, avec notre voiture de luxe, nous rattraperons le convoi. Nous partons à plus de 6 heures. Marguerite a vu toute la compagnie, a bu le « jus » de mes troupiers, a été présentée à mes officiers. On voyait qu'elle jouissait tant de partager un peu notre vie. Le colonel, le commandant, le médecin-chef du régiment, tous étaient pleins d'attentions pour elle. — A la séparation, quelques larmes, mais nous avons été très braves.

Et voilà! Quelle bénédiction d'avoir pu nous revoir quelques heures, sur le front même!

26 juin. — ... Les Boches se mordront bientôt les doigts d'avoir attaqué nos positions pendant notre absence (1). Nous reprendrons sans doute sous peu l'offensive. Je ne reviens pas sur tout ce que je vous ai écrit à la veille des derniers combats auxquels j'ai pris part. Je vous sais prêts et confiants, déterminés, résolus, fermes devant le danger. A mon avis, si je devais y laisser ma vie, votre plus grande consolation devrait être dans le fait que je serais mort pour le pays, à mon poste, en faisant mon devoir... Nous partons pour les tranchées.

Le commandant Barberot, appelé au commandement du

---

(1) A La Fontenelle, commune du Ban-de-Sapt.

5ᵉ chasseurs, a fait, hier, ses adieux à son bataillon ; il a su, comme toujours, trouver les mots qui portent. Tous pleuraient. Vous ne pouvez vous faire une idée des acclamations dont il a été l'objet. Quand son bataillon se fut éloigné sur la route, et que lui regagnait, la tête basse, sa demeure, on l'a vu qui se retournait encore, et portant sa main à son képi saluait une dernière fois ses enfants. Pauvre premier bataillon ! Voilà ce que nous ont valu nos succès ! J'ai le moral bas depuis ce départ ; mais il faut réagir en souvenir de lui, pour les hommes, pour ceux qui comptent sur nous, pour le pays.

30 juin. — ... Merci pour toutes vos lettres. Je les attendais comme elles sont, vibrantes d'émotion et de fierté... Vous savez que tout ce qui me touche, je le rapporte immédiatement à vous, et si vous arrivez, par mes lettres, à vous représenter des scènes comme celles de l'attaque de la cote 830, à Metzeral, ou de la remise de ma croix de guerre, combien plus, connaissant si bien le cadre où vous vivez, puis-je me représenter les petites scènes de famille à l'arrivée de telle ou telle nouvelle. Je sais bien que les yeux se mouillent, et quand je lis vos lettres, je suis à mon tour ému, et je suis obligé de tousser avant de parler, pour raffermir ma voix, si j'ai quelque ordre à donner.

Vos lettres m'ont fait du bien. Il y a des jours où l'on a besoin de l'affection, de toute l'affection de ceux qui vous sont chers pour rester fort en face de certains coups. De vous savoir si heureux de ce que j'ai fait mon devoir, mon tout petit devoir d'officier et de chef, me donne des forces pour l'avenir. Votre confiance, votre courage font du bien et préparent pour les combats futurs. Je vous cite à l'ordre de la première compagnie : « Savent communiquer à leur fils l'énergie et le calme qui les animent. »

2 juillet (date de son anniversaire). — ... Merci du fond du cœur à vous tous pour vos pensées affectueuses. Je les sais constantes, mais je sais aussi qu'elles ont été plus particulièrement tendres, en cette journée du 2 juillet, et que vos prières ont été plus ferventes.

Oui, c'est merveilleux comme Dieu m'a gardé ! Et, comme se le demande papa, pourquoi ? car je ne vaux pas mieux que d'autres, moins probablement, certainement même que beaucoup qui sont tombés. Pourquoi m'a-t-il gardé ? Papa se demande quels sont les desseins de Dieu sur moi. Je ne me le demande même pas ; je vis au jour le jour, strictement, et pour le lendemain, pour la journée qui se déroule, pour chaque heure, je me contente de lui dire : Que ta volonté soit faite, et cela est infiniment bon et réconfortant. Mais ne me donnez pas trop d'épithètes louangeuses, je ne les mérite nullement. Je ne suis pas un héros, j'ai toujours tâché de faire, en toutes circonstances, mon devoir; je ne suis qu'un officier qui essaie de donner l'exemple, et c'est *tout, tout, tout.*

6 et 7 juillet. — ... Il se prépare quelque chose de sérieux..., l'heure de l'offensive approche.

Il faut envisager les choses avec calme et confiance. Je compte sur vous; remettez votre sort et le mien entre les mains de Dieu. Pour ma part, je ne lui demande pas de m'épargner, je suis entre ses mains et à la disposition du pays; je ne lui demande que sa force pour la lutte et son pardon pour mes péchés... Je vous serre tendrement sur mon cœur plein de vous. Que le Père céleste se tienne près de vous et soit votre force! Votre fils et frère, ANDRÉ.

9 juillet, lendemain du glorieux combat du 8, à La Fonnelle, par télégramme : Sain et sauf, succès, tendresses.

13 juillet, par télégramme : Vais bien. Décoré Légion d'honneur par Généralissime, tendresses.

13 et 15 juillet. — Mes chéris, j'ai tant de choses à vous dire que je ne sais par où commencer, et j'ai vécu des jours si horribles que j'hésite à y revenir et à en remuer le souvenir, car chaque fois que j'en parle, les sensations douloureuses se réveillent, les images des spectacles sanglants réapparaissent plus précises, le cauchemar renaît dans son horreur, et c'est comme si je me retrouvais tout à coup transporté à nouveau au milieu de ces scènes de désolation et de mort.

Oui, c'est la victoire éclatante, incontestable, mais combien chèrement payée! Vous devez vous en douter, puisque par le mot que je vous ai écrit à la hâte je vous disais que je commandais le bataillon. Chose inouïe, miraculeuse, bénédiction divine, pas un de mes officiers de la 1re Compagnie n'a une égratignure. Qu'a-t-elle donc, cette compagnie? quel ange gardien la protège donc de ses ailes? Et pourtant elle avait le rôle le plus dangereux, elle a été prise de flanc par le feu de mitrailleuses que notre artillerie n'avait pu atteindre...

Nous avons débouché sous une pluie d'obus! quelle mitraille! quel enfer! Alors que je lançais mes sections à l'assaut les unes après les autres, et que je m'apprêtais à bondir en avant avec ma liaison, un obus de gros calibre est venu s'abattre sur mon poste de commandement, m'aveuglant de terre et ensevelissant un homme à côté de moi. Puis ce fut la course sous les obus, à travers la fumée, la course folle sous les balles, et puis la victoire, la victoire totale, les Boches se rendant par paquets de 20, 30, 50, 100, abrutis, implorant les mains jointes, les bras au ciel : « Gût Kamerad ! Gût Kamerad ! » Je n'ai jamais rien vu d'aussi vil, d'aussi plat, lécheur de bottes que l'Allemand qui se rend, pleurnichard, courbant l'échine. Sale race ! Les officiers, arrogants jusque dans la défaite, les hommes plats comme des punaises. Le soir, nous avions fait 600 prisonniers. Cela a continué dans la nuit et dans la journée du lendemain. — La nuit, nous organisons rapidement le terrain conquis.

Le lendemain, l'artillerie ennemie commence à faire un tir de vengeance, si cher aux Allemands, mais ses pièces pointent mal, on sent que l'adversaire ne sait pas au juste où nous trouver. Cependant mon poste de commandement, commun au chef de bataillon et à moi, est déjà bien encadré, mais par des obus de petit calibre, du 77 seulement. On en sourit.

Mais, le surlendemain (1), la danse recommence. Dès 4 heures du matin, un avion allemand nous repère, et le tir commence. Les obus tombent tout autour de nous, puis se rapprochent, le cercle de fer et de mort se resserre. A 8 heures, c'est fait, la marmite fatale arrive comme une trombe, un obus de 130 ! Il éclate à 1 mètre 50 de nous, tue, blesse, massacre tout ! Râles de mourants, hurlements des blessés au milieu de nuages de poussière et de fumée, c'est horrible : 5 tués, dont mon chef de bataillon, 5 blessés, 4 indemnes dont je suis. J'ai eu un téléphoniste tué pour ainsi dire sous moi ; mon képi est plein du sang de ce malheureux. Deux de mes agents de liaison sont tués ; mon cycliste est indemne.

Les obus continuant à arriver, nous profitons du nuage qui nous enveloppe et qui nous masque, et nous nous glissons les uns après les autres hors de cet enfer. La figure et les cheveux pleins de terre, noirs, la sueur aux tempes, nous n'avons plus aspect humain. Quelle journée ! Et puis, c'est le bataillon décapité, et pour moi une succession bien lourde.....

Mais Dieu est venu à mon aide, et il m'a béni. Tout s'est bien passé. Je n'ose réfléchir au mystère de sa volonté qui n'a pas permis que je sois tué comme les autres. Ce pourquoi m'est une obsession ; je suis presque terrifié par tant de bonté divine ; elle m'écrase. Que va-t-il me demander ? Pourquoi n'a-t-il pas voulu que ce soit mon heure, comme cela a été celle de mon chef ? A quelle tâche me veut-il appeler ? Ou

-----

(1) Le 10 juillet.

bien... Oh! je ne sais pas. Je le loue, je le bénis, je me jette
à ses pieds pour le remercier de m'avoir épargné, car je me
sens si peu digne de tant de bienfaits, mais je tremble. Il y a
des jours où il semble que la bonté divine soit plus impressionnante que sa colère. Que suis-je, mon Dieu, pour de si
grands bienfaits? Ces problèmes m'agitent, et il faut qu'au
milieu de ces réflexions je songe au bataillon, aux hommes
qui maintenant comptent sur moi.

Dans les moments de crise, l'homme regarde à son chef et
cherche à voir quelle tête il fait. Il faut que rien dans mon
expression ne trahisse l'inquiétude, la nervosité, mais que
tout respire la confiance, la sérénité. J'ai eu, devant un camarade, après la secousse, une crise de larmes; mais les hommes n'ont rien vu. A eux, j'ai dit : « Les enfants, il faut penser au pays. » ... Deux jours plus tard, j'apprenais que Joffre en personne me décorerait de la Légion d'honneur. Elle
a eu lieu le lendemain matin 13, cette remise de décoration.
Le drapeau a reçu des mains du grand chef la Croix de
guerre, le régiment étant lui-même cité à l'ordre de l'armée :

*« Ce régiment dont deux bataillons, trois semaines aupara-
vant, avaient été cités à l'ordre de l'armée pour avoir enlevé
une position puissamment fortifiée sur une autre partie du
front, a renouvelé cet exploit à La Fontenelle. Entraîné par
son ardeur, il est parti avant la fin de la préparation de l'artillerie, est arrivé sur les premières tranchées ennemies avec
les derniers obus français, a enlevé une position comprenant
plusieurs lignes de tranchées et de casemates, a fait prisonniers
près de 900 Allemands dont 21 officiers et s'est emparé d'un
butin considérable (canons, mitrailleuses, lance-bombes, fusils, etc.), s'est installé sur la position et y a défié tous les
assauts. »*

Est-ce assez fameux comme citation? L'opinion de Joffre
sur le 133ᵉ :

*« Avec les troupes du 20ᵐᵉ corps, c'est ce que j'ai vu de
mieux. »*

Joffre m'a demandé mon âge.

— 28 ans, mon général.

*« — Comme vous êtes jeune! Cette croix doit vous apporter
bien du bonheur, et moi, je suis bien heureux de pouvoir vous
la remettre. »*

Puis il m'a embrassé de deux bons baisers qui claquent;
et moi aussi je l'ai bien embrassé! Je tremblais et j'étais ému!

L'après-midi, j'ai eu une entrevue de plus d'une heure et

demie avec le général de division et ses officiers d'état-major, des gens charmants. Le général a été l'amabilité même, m'a fait asseoir à côté de lui et a discuté avec moi. Je les ai bien amusés par ma façon de raconter certaines choses... Le soir j'étais invité à dîner chez le général de brigade.

Le commandant Barberot me manque beaucoup. Je me sens si seul, après toutes ces secousses ! Je ne suis pas encore remis de ces émotions pénibles, j'ai comme une angoisse au cœur. Enfin, Dieu est là !

17 juillet. — J'ai présidé, hier, à une bien émouvante cérémonie : je remplaçais le colonel à l'enterrement d'un de nos camarades, un jeune sous-lieutenant, très chic officier, tué à la tête de sa compagnie. Prévenu à la dernière minute, j'ai improvisé un petit discours que j'ai terminé ainsi : « Puissent les regrets que laisse le lieutenant Maurice Réjol et les larmes que nous versons apporter quelque consolation à sa mère veuve. Mais c'est vers Dieu qu'elle doit maintenant lever les yeux pour chercher la consolation dans l'espérance d'un éternel revoir dans la patrie d'en haut, où il n'y aura plus ni guerre, ni sang versé. »

21 juillet. — ... J'ai rencontré André Paulus (1) ! Je passais à cheval dans un village, quand un aspirant d'artillerie qui était assis devant une maison se leva et vint à moi. Je l'ai reconnu aussitôt. Vous pourrez dire à ses parents qu'il a une mine superbe. Il avait justement reçu le palmarès du collège. C'était bien amusant cette rencontre de deux Chalonnais dans ce petit village des Vosges.

30 juillet. — ... Reçu vos bonnes lettres du 26 et 27. Je suis heureux de vous savoir au repos à Fontaines, dans une maison ensoleillée, avec un jardin, des arbres, une pelouse, de l'eau, après Chalon. Bon vieux Chalon ! Il y a des heures où je donnerais beaucoup pour y être ; pour ne plus, pendant quelque temps, entendre le canon, avoir la préoccupation de l'attaque ou de la contre-attaque. Et cependant, je suis certain que l'on doit avoir la nostalgie du front ; il doit sembler que, parce qu'on n'est pas là, ça ne doit pas marcher. Nous sommes en ce moment un peu à l'arrière mais tout près du front, en réserve immédiate, or je me sens beaucoup plus nerveux que sur le front même. Hier, je faisais une prome-

---

(1) Jeune homme d'élite et de haute valeur morale, lui aussi. Promu peu après sous-lieutenant au 30e chasseurs, il fut tué, au Linge, en octobre 1915.

nade à cheval pour aller voir le colonel ; le général de division arrive ; il montait aux tranchées, eh bien, je lui ai demandé de l'accompagner ! Et j'y suis allé avec lui, voir, étudier, lui exposer ce que je savais de la situation. Je suis pris par la vie militaire, pris jusqu'à la moelle.

7 août. — ... Je crois qu'avant longtemps j'irai vous voir. Je mets à cette visite un certain nombre de conditions : 1° *Avant* mon arrivée, on ne fera aucun gâteau ne pouvant se conserver ; une fois que j'aurai annoncé mon départ, on attendra patiemment mon arrivée, et on n'ira pas 12 fois par jour à la gare pour en revenir chaque fois avec une mine plus allongée ; 2° *Pendant* mon séjour, on ne me promènera en ville qu'un jour sur trois, et on ne me demandera mon opinion ni sur la fin de la guerre, ni sur la retraite des Russes ou la prise de Varsovie ; 3° *Après* mon départ, on sera raisonnable et confiant. Est-ce entendu ? Avec ces assurances de votre part, j'irai, avec un charme inouï, vous voir et vous embrasser...

Du 10 au 20 août, les parents d'André Co net-Auquier eurent, en effet, l'immense joie de posséder leur bien-aimé. Il était resplendissant de santé et exubérant de vie, de gaîté et d'entrain. Le 20 au soir, après les derniers baisers et le dernier adieu, il leur lança, le train en marche, ce mot final :

« Après tout, si je suis tué, c'est pour la France, et Vive la France ! »

Le 23 août, il leur écrivait :

Le moral est bon... Pourvu que les civils tiennent ! — Vous savez quel bonheur j'ai eu à me retrouver à la maison. Au fond, j'ai préféré être à Fontaines, c'était plus reposant. Et puis, la maison, c'est partout où l'on a les siens. — Que Dieu vous bénisse et vous garde en santé physique et morale ! Qu'il vous donne sa force qui vient d'une entière et absolue confiance en sa bonté.

29 août. — ... Hier matin, le bataillon est allé en marche, avec son fanion. Nous avons parcouru, musique en tête, les rues de Saint-Dié, dans tous les sens, au milieu d'une cohue extraordinaire ! La population était émue, car c'était le jour anniversaire de l'entrée des Allemands dans la ville, et c'est nous qui l'avions délivrée. On a jeté des fleurs aux soldats... et une dame s'étant approchée de mon cheval, m'a remis un énorme bouquet noué d'un large ruban tricolore. Mon sabre d'une main, mon bouquet de l'autre, j'étais si ému moi-même que j'ai tout juste pu lui crier : « Merci, Madame ! »

L'après-midi, M. M..., chef de la sûreté de l'armée et moi sommes allés à Plainfaing, pour déposer deux couronnes sur la tombe du pauvre cher commandant Barberot, tombe bien modeste : un tertre, une croix de bois, une couronne des chasseurs, de petites fleurs des champs fanées. Dire que cet homme si supérieurement intelligent et cultivé, si vivant et à l'activité si débordante, repose là sous quelques pieds de terre ! C'est inimaginable ! Je ne me consolerai jamais de la mort de cet homme.

Ayant besoin d'une détente, j'ai fait aujourd'hui, sous une pluie battante, une promenade à cheval, seul dans les bois. Je suis monté à plus de 750 mètres ; les grands bois mystérieux pleins de brume et de silence étaient impressionnants. Même cette pluie d'orage qui me fouettait la figure m'était délicieuse.

4 septembre. — ... J'ai pensé qu'il y aurait peut-être moyen de trouver à Chalon, parmi nos amis et connaissances, des dames qui constitueraient un comité de « marraines » de la première compagnie du 133°, et qui voudraient bien m'envoyer, pour cet hiver, des objets de toute nature destinés à mes troupiers. Il ne va pas tarder à faire froid dans nos montagnes. Je tiens à ce qu'il y ait des personnes de tous les partis et de toutes les religions : protestantes, catholiques, juives, mahométanes, peu importe, pourvu que mes poilus aient chaud. Je charge Lucie de recruter des adhérentes dont Mme Rosselet serait la présidente. Ce serait l' « Œuvre des Marraines des Lions (1) de la 1re compagnie du 133e ». A l'ouvrage ! Vive la France ! Et haut les cœurs !

L'Œuvre ci-dessus fut en effet fondée ; elle existe même encore, et les « Lions » de la 1re compagnie du 133e ont reçu depuis lors nombre de paquets contenant chandails, passe-montagnes, cache-nez, chaussettes, mouchoirs, etc., et des douceurs. Ce fut une grande joie pour André Cornet-Auquier qui, en témoignage de reconnaissance, cita à l'ordre de sa compagnie :

« Les marraines des Lions de la 1re compagnie, sous la présidence de Mme G. Rosselet, modèles de dévouement et de charité, n'ont cessé de prodiguer des douceurs de toute nature aux Lions du Ban-de-Sapt, atténuant ainsi les rigueurs d'une deuxième campagne d'hiver. »

---

(1) Après les glorieux combats de Metzeral et de La Fontenelle, le général de Maud'huy, commandant la 7e armée, baptisa les soldats du 133e : « Les Lions du 133e » Ce nom leur est resté.

19 septembre. — ... Il y aura demain un an que, sous une pluie torrentielle et un marmitage insensé, le commandant Barberot me donnait le commandement de la première compagnie. Un an! Que de choses depuis lors, que d'événements de toute nature, que de disparitions! Et moi je suis encore là! Pourquoi? Mystère des desseins de Dieu. La reconnaissance qu'on éprouve paraît si peu auprès de ces bienfaits, et l'on se sent si indigne d'eux qu'on est presque terrifié de leur grandeur et de leur nombre.

24 septembre. — ... Avec deux officiers et douze poilus volontaires j'ai fait une reconnaissance de nuit à proximité des lignes allemandes, dans un coin qui m'intriguait fort depuis longtemps déjà. Couvert par ma patrouille, je me suis glissé dans les buissons, puis dans l'herbe en faisant de la marche rampante. Dans le silence de cette nuit, on entendait les coups de pioche des Allemands ou leurs coups de maillet sur les piquets de fil de fer. C'était impressionnant. J'ai pu faire ainsi une reconnaissance tout à fait intéressante, et voir le terrain sous un aspect que je ne soupçonnais pas. Nous avons trouvé que l'ennemi avait installé dans ce bois un poste avec communications téléphoniques. Nous en avons coupé le fil et l'avons enlevé sur une longueur de 200 mètres. — J'adore ces reconnaissances; le danger en est très minime en somme, et c'est passionnant.....

Les Bulgares nous jouent un sale tour, mais je n'en suis nullement ému; ça allonge la guerre, mais ça n'influe en rien sur le résultat final. Pourvu que les civils tiennent!

3 et 10 octobre. — ... Ne vous faites pas de souci au sujet des Balkans. Laissez faire et ayez confiance. Que papa me laisse la chaire un dimanche, à Chalon, et je retaperai à tous le moral. « Ne crains point, crois seulement..... »

Pauvres Paulus! Je leur écris aujourd'hui même.

17 octobre. — ... J'ai fait un nouveau béguin: « Lucie », une jolie petite blonde de 4 ans 1/2. Elle ne parle plus que d'épouser « Cornet » tout court. Et pourtant, j'avais pour concurrent un beau lieutenant d'artillerie avec qui elle était déjà « fiancée » et qui lui avait donné une bague en aluminium. Elle a hésité une heure entre nous deux et voulait nous épouser tous les deux! Puis, malgré toute la séduction mise en œuvre par mon rival, elle lui a dit: « Je te plaque pour prendre Cornet! » Alors, il lui a dit: « Ah! mais, tu sais, on rend la bague quand on rompt! » Illico, elle lui a tendu son doigt mignon, pour qu'il retire l'anneau. — N'est-ce pas

délicieux? C'était fort amusant, car ce « mariage » m'a de
suite fait le gendre d'une jeune dame plus jeune que moi, et
le neveu d'une jeune fille de 20 ans que j'appelle « ma vieille
tante Madeleine ». Cette idylle se passait à petite distance
des Boches.

Pauvre Jules Kretzschmar! Je comprends la douleur de
tous les siens. Je leur enverrai un mot demain.

Je vous serre tous tendrement sur mon cœur et, en vous
embrassant bien fort, je vous confie au Père céleste.

27 octobre. — ... Oui, très jolie l'histoire des fleurs lan-
cées, en Suisse, par les blessés français à des blessés allemands, mais assez de cette sentimentalité. Pour le moment,
nous ne devons avoir que de la haine pour les assassins de
miss Cavell. Quand je pense que son histoire aurait pu être
celle de Marguerite, cela me rend furieux. Les jolis gestes
seront pour plus tard; ils sont à la rigueur tolérables en pays
neutre, comme « mesure diplomatique », mais c'est tout. Je
sais bien que, lorsqu'on les voit sortir de leurs tranchées,
prêts à se rendre après un assaut, hagards et affolés, on a
soi-même pitié, et on se laisse volontiers aller à des sentiments charitables. Je suis tout le premier dans ce cas; mais
il faut lutter là contre, et bien se mettre dans la tête que, malgré la forme humaine, ce ne sont pas des hommes qu'on a
devant soi...

Les neutres me dégoûtent pourtant encore davantage.
Qu'on puisse assister à des monstruosités comme celles que
les Allemands commettent dans cette guerre et rester indifférent, c'est inimaginable de lâcheté.

2 novembre. (Au repos.) — ... Marguerite ici! Depuis
hier matin, 10 heures, jusqu'à demain après-midi. N'est-ce
pas épatant?... Elle est arrivée dans une auto militaire avec
deux chauffeurs! Sensation dans le cantonnement! Tous les
officiers sont naturellement charmés d'avoir une jeune fille
à table. Elle a vu les endroits où je me suis battu en août
1914, le château de Saulcy-sur-Meurthe, où j'ai failli être fait
prisonnier, la gare où vous avez débarqué en décembre dernier, etc...

5 novembre. — ... Quel bon et agréable souvenir a laissé
derrière elle cette délicieuse visite de Marguerite! Des regrets
aussi..... mais en même temps une infinie reconnaissance.

... La guerre, quand on est en contact immédiat avec elle,
donne à l'homme qui réfléchit le sens exact de sa valeur... On
en arrive à ne plus reconnaître d'autre autorité que celle qui

est assise sur une incontestable supériorité intellectuelle et morale, sur une compétence qui s'impose. Dans les autres cas. on salue le ou les galons, on ne salue pas l'homme, et celui qu'on salue doit voir dans le regard si on le considère comme un chef ou seulement comme un gradé. La confiance en soi permet seule de parler haut et ferme, et de se faire écouter même des supérieurs, et c'est un devoir de parler de la sorte, car en ce moment rien ne compte que le salut du pays.

24 novembre. — Hier, j'ai représenté le colonel aux obsèques d'un de nos jeunes camarades, tué d'une balle en pleine tête. Au cimetière, son commandant de compagnie a prononcé quelques mots, ainsi que le général de division, qui a rappelé le souvenir du « commandant Barberot que nous regrettons tous ». Ces morts dans la tranchée impressionnent davantage, car on a le temps de penser. Mourir à l'assaut, dans la griserie du canon qui tonne, des clairons qui sonnent des charges folles, dans le tourbillon qui vous emporte dans une victoire, c'est beau ; mais tomber frappé par une balle stupide, alors qu'on observe dans la tranchée, c'est tellement triste !

25 novembre. — ... Nous avons renouvelé nos violents combats à boules de neige, et, secondé vaillamment par mon cuisinier Martinand, et par un de mes hommes, j'ai tenu tête à tous mes sous-officiers et à mes agents de liaison. Vous pensez si ça les amuse d'en mettre plein la figure du capitaine !

11 décembre. — ... Il y a des jours où j'envie mon chien. Pas de souci, bonne table, bon gîte, roupillant et ronflant tout à son aise. Je voudrais, pendant quelques semaines, ne plus penser. Il me semble que ce serait si reposant. C'est la fatigue cérébrale et nerveuse qui nous tue ; là, il n'est pas question d'entraînement, comme pour la fatigue physique. Marcher tout le jour, dormir sur la paille tout habillé, cela n'est rien ; pluie, neige, froid, vent, rien non plus ; on se fait à tout. Mais c'est la tête ; il y a des jours où il me semble que je deviens gâteux. Et puis rien, rien, rien pour le cœur.

13 décembre. — ... Le Français a d'énormes qualités de courage, d'héroïsme, et même, on ne l'aurait pas cru, il s'est révélé tenace ; mais il est naturellement insouciant et indiscipliné. On a toutes les peines à obliger les hommes à observer les règles de la plus élémentaire hygiène. Le Français est admirable en ce sens qu'il rachète ses défauts par de merveilleuses qualités lorsque la crise est là. Il ferait beaucoup mieux d'éviter la crise, en sachant prévoir. Nous sommes tenaces aujourd'hui ; les Boches le sont depuis 50 ans ; nous savons merveilleusement improviser, mais il y a des domaines où l'on n'improvise pas ; la guerre en est un. Sous prétexte que nous ne voulions pas la guerre, ce qui était très bien, nous n'y avons pas cru, ce qui était moins bien, et, n'y croyant pas, nous ne l'avons pas préparée, ce qui était presque criminel.

22 décembre. — ... Si j'avais l'occasion de m'adresser à un auditoire chrétien ou se disant tel, je lui dirais à peu près ceci : Vous croyez ou vous faites profession de croire en Dieu, en un Dieu qui est un Père ; vous croyez à sa justice, à sa toute puissance et à sa toute bonté ; vous croyez que rien n'arrive sans sa volonté, et que cette volonté est essentiellement sainte, bonne et sage. Alors faites confiance à Dieu et attendez avec patience les événements. Dites-vous que la Justice doit triompher et que le Droit vaincra finalement la force brutale, parce que Dieu l'a voulu, qu'Il le veut et qu'Il continuera à le vouloir toujours.

La cause de la Justice et du Droit est sa cause, et c'est la nôtre. C'est à nous, armées alliées, qu'il l'a confiée ; c'est donc nous qui triompherons. Quand ? Comment ? Je l'ignore, et après tout peu importe ; le résultat final compte seul. Ne craignez donc point, croyez seulement. Ne soyez plus inquiets, nerveux, ne récriminez plus, ne critiquez plus, ne dites pas : « Si j'étais Joffre, ou si j'étais le Président du Conseil... » Vous n'êtes, Dieu merci, ni Joffre, ni Briand ! Si vous tremblez, c'est que vous ne croyez pas à la victoire finale de la Justice et du Droit, au triomphe de la cause de Dieu sur la terre. Alors soyez logiques, et dites que Dieu n'est pas Dieu, et que, depuis vingt siècles, le monde s'est trompé en croyant à la loi d'amour proclamée par Jésus... car c'est comme lui par amour que meurent les admirables soldats de France et ceux d'Angleterre, de Belgique, de Serbie, de Russie.

24 décembre. — ... Pendant que je vous écris, nos pièces lourdes tonnent, elles feront de même demain, sans doute, et ce genre de musique n'est pas ce qu'on pourrait souhaiter pour la fête de Noël. Et pourtant, j'estime que c'est malgré tout un chant de paix qui sort de la bouche de nos canons. Ils chantent la délivrance prochaine, l'ère nouvelle pour laquelle nous travaillons, car nous aussi, nous sommes les ouvriers de la paix sur la terre. Malheureusement les Boches ont fait faire à l'humanité un recul de plusieurs milliers d'années. Mais la paix viendra quoique son enfantement soit douloureux...

Lucie m'écrit qu'elle espère que la lune *et le soleil* brilleront pour la nuit de Noël ! Nouveau Josué, elle arrête le soleil pour les Poilus, et elle veut que, dans les grands bois de sapins, on y voie la nuit comme en plein jour, pour être sûre, sans doute que mes « lions » trouveront leur bouche en mangeant leurs friandises de Noël. C'est d'une générosité tout à fait louable ; le soleil aurait vraiment tort de ne pas se prêter à une aussi bonne œuvre, et, par avarice, d'y regarder à quelques sous d'éclairage supplémentaire.

... En Dieu, et par la pensée, nous sommes tout près les uns des autres.

29 décembre. — Mes chéris, ... Bonne et heureuse année ! Quelle ironie, semble-t-il, dans ce vieux vœu qui paraît atrocement banal. Bonne ! alors que l'humanité s'entre-déchire et souffre ; heureuse ! alors qu'il ne peut plus exister de joie parfaite, au moins d'un point de vue terrestre. Et pourtant, elle peut être bonne, cette année 1916, si elle est féconde en actes héroïques et généreux, elle peut être bonne, si du mal sort le bien, si ce pays à qui étaient réservées ces souffrances et cette épreuve consent à s'amender ; elle peut être heureuse, si la victoire vient couronner nos drapeaux et nous apporter la Paix.

Que Dieu se tienne à vos côtés, qu'Il vous donne sa paix faite de joyeuse soumission à sa volonté, qu'il vous donne les force morales capables de supporter en Chrétiens et en Français tout ce qu'Il lui plaira de vous dispenser, les forces physiques nécessaires pour supporter dans vos corps les épreuves et les privations. Mais surtout et par-dessus tout, qu'Il vous donne la confiance parfaite en sa sagesse et en sa bonté, confiance d'où doit naître, si elle est véritable, la paix intérieure et la paix du foyer.

Dites tous mes vœux aux amis, dites-leur d'avoir confiance, de ne pas craindre, mais de croire, de croire, de croire...

31 décembre 1915. — Mes chéris, le dernier jour de l'année ! Demain, ce sera 1916 ! Avec quelle rapidité vertigineuse ont passé ces douze mois qui viennent de s'écouler ! Ce n'est d'ailleurs pas étonnant que le temps paraisse si court lorsqu'il est si bien rempli, lorsque les événements sont à ce point entassés dans ces petits compartiments qu'on appelle les jours et les heures qu'il semble parfois impossible que cela puisse tenir dans un espace aussi restreint. Quelle vie intense, complète nous vivons ! Nous l'aurons expérimentée tout entière la gamme des émotions douces ou tragiques, joyeuses ou tristes. Quelle épreuve pour des nerfs d'homme ! Et comme ceux qui résisteront seront trempés ! Pauvres nerfs humains, pauvres petites choses fragiles ! Car c'est surtout avec nos nerfs que nous vivons cette vie factice et anormale. Aussi quelle usure quand on y réfléchit ! Que donneront ces jeunes générations qui auront passé par tout cela ? Comme elles seront épuisées et comme elles vieilliront vite !

Et au milieu de cet enfer terrestre, que de bénédictions divines ! On en demeure confus, tant on sent qu'on est indigne de tous ces bienfaits. Avoir senti la mort passer et vous effleurer de son aile noire, avoir vu autour de soi la grande faucheuse étendre sur un sol ensanglanté des chefs et ses propres soldats, presque des enfants, avoir entendu les râles de l'agonie, les hurlement rauques de ceux qui vont mourir, avoir eu un homme tué dans ses bras, avoir été éclaboussé de ce sang jeune et tout chaud, avoir senti, à 28 ans, peser sur ses épaules la responsabilité de tenir, avec un bataillon amoindri et épuisé, une position arrachée au prix de quels sacrifices ! et puis, sorti pour quelques heures de cette tourmente, avoir senti passer la gloire, avoir reçu des mains du Grand Chef le ruban rouge sang, avoir reçu son accolade, avoir été fêté, choyé, avoir vu les vieillards de ces pays douloureux vous serrer la main, émus, avoir eu des sourires de femmes qui vous criaient : « Merci ! » et tout cela en quelques heures, 2 ou 3 jours. Ne croyez-vous pas qu'il y ait là de quoi user les tempéraments les plus robustes ?

Il y a des moment où, revivant par le souvenir ces heures passées, on se sent comme accablé et terrassé. Sortir de ce cauchemar, sortir de cette atmosphère où l'on étouffe, et puis se dire : lutter, lutter encore ! Ne jamais parler au futur ! Ne jamais pouvoir dire demain ! Au seuil de cette nouvelle année, il semble que l'on arrive sur une grande route, à une borne kilométrique, mais les kilomètres n'y sont point marqués. On sait la distance parcourue, on ignore ce qui reste à parcourir. En avant ! le chemin est long encore, et pénible, mais la victoire est au bout. Comme disait Jeanne d'Arc, « les soldats batailleront, et Dieu donnera la victoire ».

De Remiremont, 2 janvier 1916. — ... J'ai quitté les tranchées hier matin pour venir, ici, suivre des cours spéciaux. Trajet tout à fait chic, une excellente route dans la montagne et les sapins. Le clou de la journée, aujourd'hui, c'est que j'ai téléphoné à Marguerite ! Du premier coup j'ai reconnu sa voix : « Allo ! qu'est-ce que tu fais donc là ? » — Echange rapide de questions et de réponses. M. M... lui a dit deux mots également, et lui a promis de me faire conduire auprès d'elle, dimanche prochain.

5 janvier. — ... Les cours sont fort intéressants. C'est passionnant d'entendre le chef du cours, qui revient de Champagne, nous narrer ses expériences, et il n'y a rien d'émouvant comme de l'entendre nous dire : « Nous avons été à un cheveu de la grande percée ! »

Le 9 janvier, André Cornet-Auquier eut la joie d'aller voir sa sœur sur le front alsacien, et de la ramener, le soir même, à Remiremont, où elle passa deux jours auprès de lui.

Le 23 janvier, par la plus heureuse des coïncidences, il eut celle plus vive de voir le Président de la République épingler la Croix de guerre sur la poitrine de cette même sœur, et de partir avec elle d'Alsace, pour venir tous deux en permission à Chalon-sur-Saône.

Ce que furent ces jours de bonheur passés ensemble à la « Maison » chacun peut l'imaginer.

Il quitta ses « chéris » le jeudi 3 février, pour retourner à son poste, dans les tranchées, à 25 mètres de l'ennemi. Il apprit en y arrivant qu'il avait été nommé officier d'active, à la date du 16 janvier 1916. Ce fut sa dernière satisfaction.

Le 7 février, il écrivait :

Nous avons surpris des conversations entre Boches. Le moral est très bas dans leur armée. Des gens de l'arrière écrivent à ceux du front des lettres découragées et déprimantes. A Nuremberg, des familles entières se couchent de bonne heure pour oublier leur faim. Les soldats boches appellent notre 75 « *un maudit canon* » et disent : « Que le Seigneur Dieu nous en préserve ! » Pour des vainqueurs, leur moral est bien bas !

Par contre, le moral de nos hommes est excellent. Voilà trois mois qu'ils montent la garde dans les tranchées par le froid, la pluie, la neige et le vent, assurant votre sécurité et la sérénité de votre sommeil et de votre vie quotidienne. Leur moral n'a pas fléchi un instant ; ils sont tout simplement admirables. Leur héroïsme, à nous qui vivons à leurs côtés, est notre pain quotidien et ne nous paraît pas extraordinaire ; mais pour peu qu'on y réfléchisse, on arrive à cette conclusion que chacun de ces poilus est un héros sublime. Je suis particulièrement fier de ceux de ma compagnie qui, décidément, sans être aussi parfaite que je la voudrais, est bien la première, non seulement par le numéro d'ordre, mais par la qualité. Mes hommes le sentent bien ; ils savent qu'à la première « ça barde », mais ils savent qu'ils appartiennent à une chic compagnie, et ils ont un sérieux béguin pour leur capitaine.

Du 8 février 1916. — ... Mes pensées sont souvent avec vous. Voilà déjà Marguerite sur le point de repartir, elle aussi. J'aurai sûrement un serrement de cœur, jeudi matin, quand ce sera son tour. Cette lettre vous arrivera probablement le lendemain de son départ. J'espère qu'elle vous trouvera courageux et confiants. Nous avons tant besoin, nous du front, de sentir le courage et la confiance de ceux que nous laissons derrière nous. Cela nous aide à supporter tout, et nous sentons ainsi que nous travaillons pour quelque chose.

Du 11 février. — Le vide doit être grand à présent, à la maison ; mais c'est pour la France. Suivez le conseil donné par la chanson du petit Rosselet : « Serrez les rangs », sentez-vous les coudes, mettez en commun vos affections, vos énergies individuelles, votre confiance personnelle, réalisez toujours plus et toujours mieux la vie de famille intense et profonde, et surtout placez au-dessus de l'affection de vos enfants l'amour du pays, soyez dominés tout entiers par la haine farouche de l'envahisseur. Ne laissez jamais le découragement s'infiltrer dans vos cœurs ; soyez des Français ! C'est à cette condition que nous, du front, nous pourrons lutter avec cette âpre énergie qui triomphe de tout, c'est à ce prix qu'est la victoire.

Lors de ses dernières lettres, André Cornet-Auquier était au « demi-repos » et en réserve immédiate, à Denipaire, à 2 ou 3 kilomètres des tranchées. Il commandait ' bataillon, et il était même fort occupé. Malgré cela, il écrivait :

« C'est sans comparaison le repos le plus confortable que j'aie eu..... Je suis chez de braves amis, très bien logé, entouré de soins, choyé, on me soigne comme un fils. »

C'était un peu pour lui la vie de famille, et il avait là « sa petite fiancée » de quatre à cinq ans, ce qui augmentait le charme.

Ses dernières journées furent employées en partie à visiter différents secteurs, en vue de l'étude d'un plan de contre-attaque, que les généraux de division et de brigade l'avaient prié de faire. Le 29 février, sa compagnie fut alertée toute la journée. Il était rentré si fatigué, le soir, qu'il alla aussitôt se coucher sans manger.

On sait qu'il fut mortellement blessé au cours de cette nuit-là.

Dans sa dernière lettre, datée du 28 février, faisant allusion à la bataille de Verdun, il écrivait :

« Ne vous laissez pas impressionner par les événements de Verdun, cette offensive allemande ne nous émotionne nullement. Chaque kilomètre d'avance coûte aux Boches 25.000 hommes. A ce prix nous leur abandonnerions bien la forteresse. La guerre actuelle ne vise pas à la conservation d'un certain nombre de kilomètres de terrain, elle vise à l'anéantissement du plus grand nombre possible d'hommes ennemis. Verdun serait pris, gros succès moral assurément, et après? — La guerre actuelle a montré le peu de valeur des places fortes, en tant que moyen d'arrêter l'ennemi. Derrière Verdun, il y a zone fortifiée après zone fortifiée, lignes successives de tranchées, réseaux de fil de fer, etc. L'ennemi n'a pas encore atteint après 6 jours de combat et d'efforts inimaginables, la moitié du résultat obtenu par nous, en Champagne, en 48 heures. En deux jours, nous lui avions pris 150 canons. Les Boches n'auront pas le succès qu'ils cherchent. »

Comme nous l'avons annoncé, nous avons voulu, par les extraits ci-dessus des lettres d'André Cornet-Auquier, — lettres écrites au courant de la plume ou du crayon, et sans aucune prétention, — faire connaître celui-ci tel qu'il était sans le flatter en rien. Ses amis et ceux qui l'ont approché le retrouveront bien vivant dans ces quelques pages, qui contribueront à perpétuer en eux son souvnir. Puisse leur lecture faire autant de bien aux Jeunes, à qui elles sont dédiées, qu'en a fait, à tous ceux qui l'ont entendue, la belle et réconfortante prédication de M. le pasteur H. Gambier!

Nous tenons à dire que, dans la correspondance d'André Cornet-Auquier, le nom des endroits ne figure presque jamais; à peine parfois une initiale pour les désigner. Nous avons cependant fini par savoir où localiser exactement presque toutes les scènes qu'il a racontées, et, pour l'intérêt du récit, nous avons cru devoir citer plusieurs noms dans la présente brochure.

FIN

Toulouse. — Imprimerie Moderne Laclau et Veyries, 22, rue Sainte-Ursule.